Bertrand Amoussou
David Kersan

SUR LE RING

LE PHÉNOMÈNE FREE FIGHT

38, rue La Condamine - 75017 Paris
www.hugoetcie.fr

ISBN : 2-7556-0105-1
Dépôt légal : novembre 2006

Bertrand Amoussou
David Kersan

SUR LE RING

LE PHÉNOMÈNE FREE FIGHT

Préface de Wanderlei Silva

Hugo doc

À ma mère, Geneviève, qui veille sur moi du ciel,
À mon père, Simon, cet homme d'honneur,
sans qui ce livre ne serait pas.

Bertrand Amoussou

À ma mère, Danielle, pour ton amour
et l'interminable force que tu m'as transmise,
À mon père, Alain, pour m'avoir aimé comme ton fils,
À mon oncle Roger Decerier.

David Kersan

SOMMAIRE

PRÉFACE

Par Wanderlei Silva

Le Free Fight est un nouveau sport de combat. L'aventure a commencé il y a 15 ans. C'est un sport extrêmement excitant qui révolutionne les arts martiaux en permettant aux combattants de combiner toutes les techniques de combat.

Dans les années à venir, le Free Fight va certainement dominer les arts martiaux et la Boxe. Il suffit de voir le succès qu'il remporte au Japon où les combats remplissent des stades de plus de 50 000 personnes et sont regardés quotidiennement par des millions de téléspectateurs. Aux États-Unis, le phénomène Free Fight a démarré très fort avec des événements tous les mois. Ce pays compte de nombreux combattants de grande qualité et un grand nombre de pratiquants amateurs. D'ici cinq ans, ce sera le sport roi aux États-Unis et en Europe. Dans mon pays, au Brésil, c'est déjà la folie.

Il faut dire que c'est le sport le plus difficile car les athlètes doivent parfaitement combiner des techniques variées de tous les arts martiaux (Judo, Karaté, Boxe, Ju-Jitsu, etc.) et posséder une condition physique irréprochable, ainsi qu'une intelligence stratégique et un mental d'acier. C'est un sport très visuel, aux règles simples qu'on comprend et qu'on apprécie très vite.

Les qualités humaines des combattants sont énormes : discipline, confiance en soi, persévérance et objectivité.

C'est pour cela que c'est le sport de l'avenir.

Bienvenue dans le troisième millénaire.

Bienvenue sur le ring.

AVANT-PROPOS

Par Serge Marches
Fondateur et éditeur du magazine FightSport*,*
vendu dans vingts pays et leader mondial sur le MMA.

(R)ÉVOLUTION

En matière de plaisir, charnel ou culinaire, de guerre ou de combat, qu'a-t-on vraiment inventé depuis les débuts de notre civilisation ? À vrai dire pas grand chose, si ce n'est la manière, car ces choses-là sont innées, ancrées au plus profond de l'homme. C'est sans doute la raison pour laquelle personne n'y est insensible.

L'art du combat ultime, depuis les arènes romaines et jusqu'au MMA moderne, passionnait, passionne et passionnera encore longtemps les foules jusqu'au plus profond de chaque être, car cette sensation-là est en nous.

Mais d'abord, c'est quoi le MMA ? L'aboutissement de 2 000 ans d'arts martiaux ?... La synthèse des styles d'affrontements les plus performants ?... Le sport spectacle du XXIe siècle ?... C'est avant tout l'envie, entre deux hommes, de se mesurer sur un ring. C'est la quête du guerrier suprême, le Graal du super héros. Qui, depuis la cour de récré, n'a pas cédé, ne serait-ce qu'à la tentation d'aller affronter son ennemi du moment, et lui-même par la même occasion ? Dominer ses peurs et tout risquer jusqu'à à en être marqué dans ses chairs, n'est pas une qualité donnée à tout le monde. Mais cela fascine tout le monde. C'est en tout cas la marque des vrais combattants.

Au Japon, on admire plus un « vaincu » qui a fait preuve de courage et de vaillance qu'un facile vainqueur irrespectueux. Cette culture martiale, vieille de 3 000 ans, a établi les bases du MMA moderne et accouché d'une idée : la recherche du combattant parfait est-elle un rêve (avoué ou non) ou bien une réalité ?! Une chose est sûre, cette idée fait rêver tout le monde et explique l'engouement autour de ce sport. Car c'est bien d'un sport dont on parle, avec des règles, des rounds, des arbitres et surtout des athlètes accomplis et entraînés pour cela. Les détracteurs, tout aussi passionnés que les fans, mais dans leur logique à eux, ont tendance à user de vieux clichés, au détriment des vraies valeurs du MMA. Le MMA est violent ?… Oui, mais pas plus qu'un autre sport de combat, et avec beaucoup moins de coups à la tête qu'il n'y en a en Boxe, par exemple. Le retour des gladiateurs !… Oui, mais les armes sont restées au vestiaire. Et puis on ne joue plus au polo avec les têtes de ses ennemis, non plus. Il y a des morts, des blessés graves !… À ce jour, personne n'est mort sur un ring de MMA.

Et puis, au-delà des effets marketing et des défis orchestrés propres à tout sport de combat, il y a un vrai respect entre les combattants, un respect que l'on ne retrouve dans aucun autre sport. Aujourd'hui, on dénombre près d'une centaine d'organisations de MMA à travers le monde et plus de 10 millions de pratiquants. Ils viennent de tous les horizons martiaux, ils s'entraînent à parfaire leur style dans un seul but : devenir le combattant complet, le combattant parfait. La recherche de la perfection est le signe du progrès, et le MMA moderne a bel et bien révolutionné les arts martiaux traditionnels.

Une évolution somme toute logique.

LE MONDE A BESOIN DE HÉROS

Par David Kersan

En 1996, je loue mon premier *Ultimate Fighting Championship* avec en gras sur la cassette : « Autorisé dans un seul État américain. » Pas de règles, pas de rounds. À l'éject de la vidéo, je me dis : « Ça y est... Enfin libérée, l'ultra-violence lâche ses pitbulls. » Une cage noire, appelée *l'Octogone*, comme un no man's land terminal, un cirque romain devenu nord-américain où des grosses bêtes tabassent des types en kimono. Tous y passent, sauf un. Un homme seul dans ce no man's land, un homme en blanc, fin, élégant, qui vient de nettoyer les grosses bêtes du ring à coups de clés et de soumissions. Sous le choc, je n'avais pas mesuré l'impact de l'image. La civilisation et l'éducation venaient de me montrer la première marche dirigée vers le MMA, cette hyper-discipline qui allait devenir sanctuaire des derniers héros.

Je reprenais ma petite vie d'étudiant en droit, ravi d'avoir pu assister à une nouvelle transfiguration américaine de la guerre totale que chacun livre de la naissance au cercueil. Guerre contre soi, contre les autres, contre les tentations, contre ses faiblesses, contre une société, contre des mondes entiers. « Pour vivre en Paix, il faut mener contre soi la plus implacable des guerres », écrivait Maurice Dantec dans son *Théâtre des opérations*. Une guerre dans un monde où tous les étudiants en droit comme moi devenaient de plus en plus *étudiantes en droit*, plus aptes à la déco qu'à faire preuve de courage physique, plus aptes à la sensiblerie qu'à l'accomplissement de leur côté sauvage. Une génération *online* qui fait la guerre en réseau, qui se bat sur PlayStation, mais qui baisse le regard quand une bande de casquettes agressives fait sa loi dans le métro. Une génération féminisée, connectée, addict à l'artefact, fascinée par la mode, les tendances, *Le Seigneur des Anneaux*, *World of Warcraft* et Paris Hilton, par autant d'univers qui n'existent pas.

C'est paradoxalement de notre époque *hypercool* que jaillira une centaine d'autographes de foudre. Une centaine de noms gravés sur un ring sous des pluies de sueur, d'honneur et d'hémoglobine. D'Est en Ouest, du Nord au Sud, une centaine d'hommes dériveront de tous les horizons martiaux pour défendre une certaine idée de l'homme, idée selon laquelle, pour reprendre Alain Finkielkraut, *l'homme est une tâche à accomplir*. Par le travail, par la sueur, par l'obstination, par l'acceptation de livrer son cœur et son âme au déluge de l'adversité. Dans la cage du MMA flotte l'atmosphère de ceux qui un jour, après des milliers d'heures de sacrifices, ont décidé, pour quelques minutes ou quelques centaines d'heures, de totalement s'abandonner.

Une centaine d'étoiles du *Mixed Martial Arts* (MMA) comme nouvelle galaxie de l'univers martial global. Une centaine d'hommes libres qui ont décidé de devenir créateurs, de livrer leur avenir aux rapides du réel, de le considérer comme une condition incarnée, un espace-temps où l'on doit faire ses preuves, où l'on doit se dépasser, par l'imperméabilité de leur âme aux tentations, aux revendications, par le respect et l'éclosion de leur corps, et leur désir de s'accomplir en acceptant cette adversité panoramique, celle qui peut en une seconde mettre fin à leur carrière.

Ces hommes ne demandent pas le retrait du réel. Ces hommes ont décidé d'*incarner* le réel, de l'habiter par l'état maximal de la puissance humaine, de devenir débiteurs et créanciers de leur propre effort, de leur propre sort, celui de devenir de *vrais* hommes. En langage informatique, le MMA, déployé à l'*UFC* ou au *Pride* par exemple, deviendrait peu à peu une sorte de nouveau système d'exploitation, sorte de Windows des valeurs en perdition dans le code source d'une société sans hommes, nightclubbeuse, ectoplasmique et revendicative, où le sentimentalisme, la compassion coupable et *l'amour du roller* seraient les qualités les plus valorisées socialement, à l'inverse de la virilité, du sens de l'honneur, du courage, qui deviennent l'apanage des « idiots », des « naïfs », voire des « primitifs ».

Du *Pride* à L'*Ultimate Fighting Championship*, du *Cage Warriors* au *K-1 World Max*, le MMA apparaît de plus en plus comme l'une des ultimes forteresses où l'homme s'écrit miraculeusement dans la trajectoire du courage, de la loyauté, de l'abnégation et de la force, dans le mystère de l'adversité, du rôle majeur qu'elle joue dans nos vies. Les valeurs portées par le MMA seraient ainsi une sorte d'antivirus au nihilisme viral de notre modernité d'esclaves.

Cette beauté épurée, *qui nous parle de ce mystère*, respire sous des Arena-Dômes électrifiées de talents, ivres de valeurs et recouvertes d'une gigantesque sphère d'acier. Et sous l'acier... La page. Celle d'un Fedor Emelianenko, traversée de traces de chenilles postsoviétiques, celle d'un Sakuraba, froissée, cabossée mais toujours digne. Celle d'un Mark Kerr pourquoi pas, déchirée sur les rings pour l'éternité. Cette beauté, je la vois dans l'œil noir d'un Cro Cop immunisé contre l'espèce humaine, prêt à renverser le ring pour porter la ceinture qu'il désire, et pour laquelle il transpire et souffre depuis plus de 15 ans. Je la vois dans le regard un peu perdu de Mark Coleman, seul au milieu du ring, tel un mythe abandonné, après sa défaite cinglante face au guerrier croate, murmurant qu'il ne peut pas. *Qu'il ne peut pas arrêter, à 42 ans.* Je la vois dans l'explosion thermonucléaire d'un Wanderlei Silva, les lèvres tendues par la joie pure devant l'incompréhensible *knock-out* qu'il vient d'infliger, et je la vois dans les cris de Bertrand Amoussou, se préparant, à 38 ans, à aller gagner au *Pride*, le ring le plus inclément de tous les temps.

Ce regard, j'ai pu l'apercevoir chez une poignée d'hommes qui m'ont accompagné dans une aventure extatique de combats clandestins, style *Fight Club*, dans une salle de sport privée parisienne, de 2001 à 2003. Je ne sais toujours pas pourquoi j'ai fait ça. Je sais juste que le moderne hologramme que j'étais se constellait de veines, se gonflait de sang, s'envahissait d'une naissance nouvelle, se saturait enfin de réalité. Je me revois contempler une grosse bête d'1,90 m pour 100 bons kilos face à moi. Je me revois lucide et inquiet à l'idée des dégâts que pouvaient faire sur moi ses poings, sa puissance et ses bras. Et je me revois subitement courir vers lui, comme vers des dizaines d'autres, exalté d'avoir compris que cet adversaire n'était qu'une insignifiante et douloureuse tempête vers le cyclone qui m'emportera, cyclone dont je n'ai toujours pas compris la naissance, mais qui prononce chaque instant de ma vie. Ce regard nourri de secrets et d'inconscience, je l'ai vu chez cette poignée d'hommes, ce regard prendre feu, passé de l'autre côté de l'infini, s'interrogeant pour toujours sur ce qui vient nous hanter lorsqu'on a mis un pied dans la cage ou sur le ring. Et que l'on y a mis un homme à terre.

De ses propres mains.

DU FREE FIGHT AU MMA

« Deux hommes rentrent, un homme sort »

DK : Aujourd'hui, le Free Fight est devenu le nouveau phénomène sportif de la planète. Ce sport est plus communément appelé *Mixed Martial Arts*, MMA. Comment est née cette appellation ?

BA : En fait, l'appellation MMA est surtout née de la volonté de faire taire les détracteurs. Au départ, tout le monde s'accordait à dire « Free Fight », en France on parlait de combat libre. On utilisait également l'appellation NHB (*No Hold Barred*), qui mettait l'accent sur la façon dont on pratiquait ce sport à ses débuts, c'est-à-dire sans règles. La discipline a heureusement évolué vers quelque chose de beaucoup plus sportif. Et pour éviter tous les amalgames dus à l'appellation « Free Fight », on a réfléchi à ce qu'était le Free Fight au niveau sportif. Il s'agit en fait de la réunion de tous les arts martiaux. C'est donc tout naturellement que cette discipline a pris le nom de « réunion des arts martiaux », *Mixed Martial Arts*, MMA.

DK : Au départ, c'était donc une sorte de *Blood Sport*, une anti-discipline qui deviendra ultra-discipline par la confrontation de tous les arts martiaux, véritable hybride, sport en soi, avec ses propres attitudes ?

BA : Exactement.

DK : Plongeons-nous dans le vif du sujet : comment démarre l'aventure du MMA ? Comment le Free Fight se développe-t-il ? Quelle est la première fédération ? Quels sont les premiers tournois qui commencent vraiment à faire parler d'eux ?

BA : La première grande compétition, médiatisée mondialement, c'est l'*Ultimate Fighting Championship* (ou *UFC*), qui a eu lieu le 12 novembre 1993 à Denver, dans le Colorado, au McNichols Arena. Ce premier tournoi a été remporté par Royce Gracie, qui a battu consécutivement Art Jimmerson, Ken Shamrock et Gérard Gordeau. Cette victoire est assez significative parce qu'à l'époque, tout le monde venait d'arts martiaux différents, et chacun pensait être assez fort dans sa discipline pour pouvoir l'emporter. Tout le monde se demandait quel sport de combat serait le plus efficace.

DK : C'était discipline contre discipline ?

BA : Exactement. Le premier *UFC* est né de cette interrogation. Rorion Gracie, l'organisateur de ce premier *UFC*, de ce premier opus, a monté cet événement et a mis son frère, Royce, comme représentant de la dynastie Gracie. Ce dernier est entré dans un tournoi où s'opposaient des garçons de différents types de sports de combat ou d'arts martiaux. Avec l'*UFC*, Rorion Gracie voulait avant tout montrer aux yeux du monde que la technique de combat la plus efficace était le Jiu-Jitsu brésilien. Dans leur logique, ce qui vient en premier, ce n'est pas Royce Gracie, c'est le Jiu-Jitsu brésilien. Ce qui est important, avant le phénomène, c'est ce que l'*UFC* a apporté grâce à la victoire de Royce Gracie. C'est un garçon qui doit mesurer 1,85 m et peser 80 kilos et il a battu des pratiquants de différentes disciplines, qui faisaient parfois deux fois son poids. Il les a même battus très facilement, avec des clés ou des étranglements, ce qui, pour les spectateurs, était quelque chose d'hallucinant. C'était une révélation parce que, pour la plupart des gens, le travail au sol ne représentait rien, ils ne savaient même pas qu'il existait une telle discipline. En plus de ça, Royce Gracie a montré que dans un combat à « un contre un », le sol était la discipline la plus efficace, car 9 combats sur 10 se terminent invariablement au sol.

À l'époque, tout le monde pensait que le sport de combat le plus efficace était la Boxe ou la Boxe thaïlandaise, voire le Kickboxing. Sûrement pas le Jiu-Jitsu brésilien, que d'ailleurs personne ne connaissait.

DK : Combien d'années Royce Gracie est-il resté invaincu à l'*UFC* ?

BA : En fait, Royce Gracie n'a subi sa première défaite officielle que le 1er mai 2000 au *Pride Grand Prix final* face à Kasushi Sakuraba, après une bataille qui a duré 1 h 30. Il a remporté les *UFC* 1, 2 et 4.

DK : Afin de n'avantager aucun style, les règles se réduisent au début au minimum, avec notamment la possibilité de poursuivre le combat au sol.

BA : Le but n'était pas d'avantager ou de désavantager un style, mais plutôt : « Deux hommes rentrent, un homme sort. » À l'époque, c'était vraiment ça : pas de règles, pas de limite de temps, pas de round.

DK : Selon toi, Bertrand, est-ce que le combat libre peut-être considéré comme la réactualisation d'un sport antique, le Pancrace, présent dès les premiers jeux Olympiques de la Grèce antique ?

BA : Non, je ne dirais pas ça. Ceux qui font du combat libre aujourd'hui n'ont pas du tout en mémoire le Pancrace de la Grèce antique. Il n'y a pas de lien direct entre le Pancrace et le combat libre tel qu'il est pratiqué aujourd'hui.

Je comprends ce que tu veux dire mais le Free Fight n'est pas une réactualisation de ce sport. Le combat libre est né de la volonté de pratiquer un maximum de disciplines avec les mêmes règles en étant le plus efficace possible.

DK : Mais il est intéressant de voir qu'à l'époque du Pancrace, les mêmes critiques étaient de rigueur par rapport à la violence des combats. Les saisies des parties génitales, par exemple, étaient autorisées. Certaines écoles étaient d'ailleurs spécialisées dans ce type de coups. Actuellement les coups et les saisies à l'entrejambe sont absolument interdits.

BA : Elles ne sont même pas interdites, elles n'existent pas. Si on dit qu'elles sont interdites, ça voudrait dire qu'elles ont existé alors que ce n'est pas le cas. Il faut rappeler qu'il s'agit d'une réunion de sports de combat et d'arts martiaux. Ce n'est pas de la bagarre de rue.

DK : La présence de cette cage permet aux protagonistes de poursuivre le combat au sol sans avantager le combattant habitué au ring ou au tatami. Certains virent également dans l'apparition du combat libre une résurgence des jeux du cirque de l'Antiquité, avec leurs mythes et leurs excès. Et cette idée reçue a été renforcée par l'utilisation du visuel un peu hollywoodien, à l'*UFC* notamment, les combats se déroulant dans un octogone ceinturé d'un grillage.

BA : Hollywoodien, c'est exactement ça. La cage de l'*UFC* a d'ailleurs été scénarisée par John Milius, le réalisateur de *Conan* *le Barbare*. C'est lui qui a eu l'idée de la cage et qui l'a conceptualisée. De plus, je ne vois pas où est le problème, et surtout je ne comprends pas les critiques de fédérations sportives qui reprochent à ces combats d'être montés comme des spectacles. Je crois que le public préfère assister à une rencontre sportive en s'amusant, plutôt que le contraire. Je tiens également à rappeler que le plus gros spectacle sportif de notre époque reste les jeux Olympiques. Il faut savoir évoluer avec son temps. Le sport est aujourd'hui devenu un spectacle. C'est un fait.

DK : Ces polémiques ne sont pas sans rappeler celles qui ont accompagné la naissance des compétitions de Full Contact, dans les années 70, qui autorisaient les coups de poing avec gants de Boxe et les coups de pied.

BA : La polémique qui est née suite aux premiers *UFC* est justifiée. À l'époque, les hommes qui montaient dans l'octogone n'y étaient pas préparés. Personne n'était prêt à faire un combat sans règles. Chacun venait d'une discipline différente, et aucun n'avait une vraie connaissance de toutes les disciplines ou de toutes les méthodes de combat pour être efficace dans ce type de manifestation. C'est pour cette raison qu'il y a eu beaucoup de blessés et beaucoup de fractures. Au départ, il n'y avait pas de gants, et les coups de tête étaient autorisés. Le Free Fight en était à ses balbutiements, et si aujourd'hui il y a une évolution, elle va vers la protection du combattant. Au cours des premiers tournois, les combattants passaient les premiers tours, mais n'allaient souvent pas à la fin, ou très rarement, parce qu'ils étaient blessés. C'est pour cette raison qu'un ou deux remplaçants étaient prévus pour chaque tournoi. Et il est même arrivé qu'un remplaçant arrive en finale d'un tournoi en n'ayant fait aucun combat au préalable ! Il a remplacé des vainqueurs dans l'incapacité de poursuivre pour cause de blessure. Il s'agit de Harold Howard, qui s'est présenté en tant que remplaçant à l'*UFC* 3 et devait rencontrer Royce Gracie en demi-finale. Gracie, blessé à la suite de sa victoire sur Kimo, a dû lui céder la place pour la finale. Howard s'est finalement incliné pour le titre face à Steve Jennum.

DK : On découvre donc à ce moment-là que les sports de sol, en tout cas le Jiu-Jitsu brésilien, sont des sports efficaces, mais la confrontation des disciplines de sol et des disciplines pied-poing va aboutir à la naissance d'un sport où les combattants sont aussi forts debout qu'au sol.

BA : Justement, à partir de ce constat, on se dit que le Jiu-Jitsu brésilien est un sport qu'il faut maîtriser, et tous ceux qui viennent de sports pied-poing doivent travailler ces techniques de sol, que ce soit le Jiu-Jitsu brésilien, la *Luta libre* (discipline brésilienne où on travaille des techniques de soumission), ou encore le *Grappling*, également appelé *Submission wrestling*. Et parallèlement, les pratiquants de sol ou de Ju-Jitsu se mettent tous à travailler les techniques de coups de pied et de coups de poing. Les gens se sont rendu compte que le combattant le plus efficace sera celui qui saura maîtriser au mieux toutes les distances de combat.

DK : Donc les jiu-jitsukas se mettent également à travailler les disciplines poing-pied ?

BA : Tout le monde travaille tout. Il ne faut rien négliger si on veut être un combattant complet. Il faut travailler aussi bien les techniques de Boxe anglaise, de Boxe thaïlandaise, que les techniques de projections, par la Lutte ou par le Judo, et les techniques de *Submission wrestling*, de Jiu-Jitsu brésilien ; toutes les techniques, quelles qu'elles soient, pour arriver à être le plus complet possible.

DK : Le combattant moderne de Free Fight, pour être prêt à la

« guerre totale » sur un ring de MMA, doit donc être optimal au sol et debout.

BA : Il doit être prêt partout.

DK : À l'époque, les premiers tournois de l'*UFC* n'étaient autorisés qu'au Texas ?

BA : C'est vrai, c'était banni dans pratiquement tous les États des États-Unis, et l'axe de communication était justement : aucune règle, pas de limite de temps, pas de catégories de poids. Pratiquement tout était permis. Et aujourd'hui, on souffre encore un peu de cette image, même si ces premières années sont extrêmement importantes dans la construction du combat libre en tant que discipline à part entière.

DK : Mais n'y a-t-il pas une autre fédération ou un autre tournoi qui préexistent à l'*UFC* ?

BA : Le premier événement mondial de Free Fight qui s'est fait connaître en tant que tel, c'est l'*UFC*.

DK : Une organisation comme l'*IVC* (*International Valetudo Championship*) ne représente-t-elle pas la véritable origine du Free Fight ?

BA : Effectivement, si on parle d'origine, des tournois avec des oppositions de styles ont eu lieu au Brésil. Il y a même eu un tournoi au Japon, au cours duquel se sont affrontés Antonio Inoki et Mohammed Ali, un tournoi avec des règles n'ayant rien à voir avec la Boxe ni avec la Lutte. Et d'ailleurs Inoki, que j'ai interviewé pour *FightSport*, estime être le premier vrai inventeur du MMA grâce à ce combat.

DK : En quelle année Inoki et Ali se sont-ils rencontrés ?

BA : En 1976.

DK : Ce fut donc le premier combat médiatisé, discipline contre discipline.

BA : Médiatisé internationalement, oui. Ce combat a été très médiatisé au Japon, mais beaucoup moins aux États-Unis. Finalement, aux États-Unis, peu de gens ont été au courant de cette histoire et, d'ailleurs, Clay ne la mentionne pas, ou en tout petit, dans sa biographie. En revanche, le premier combat qui a fait l'effet d'une bombe, c'était en 1993, parce que les moyens de médiatisation et de communication étaient plus importants et plus efficaces qu'en 1976, et le fait également qu'un « gringalet » en kimono vienne à bout de toute une bande de colosses.

DK : Et qu'est devenu Inoki aujourd'hui ?

BA : Il a été député au Japon, c'est également un homme d'affaire, qui co-organise notamment un événement en Amazonie qui s'appelle *Jungle Fight*, avec mon ami Wallid Ismail.

DK : Avant d'arriver à la création de l'*UFC*, le Free Fight a commencé au Brésil. Après la Seconde Guerre mondiale, un champion japonais a enseigné à Helio Gracie son art traditionnel, le Ju-Jitsu.

BA : Le Japonais en question s'appellait Mitsuyo Maeda. Gracie a adapté à son petit gabarit les techniques de Ju-Jitsu qu'il a apprises. À l'époque, il ne pesait que 58 ou 60 kilos, et a donc dû réadapter les mouvements pour qu'ils soient plus efficaces pour lui. C'est ainsi qu'est né le Jiu-Jitsu brésilien.

DK : Ceci l'a amené à organiser des tournois de *Valetudo*, terme qui signifie « tout est permis » en portugais.

BA : En fait, il a commencé par relever des défis, parce qu'il voulait montrer que sa discipline nouvellement créée était la plus efficace en combat. C'est comme cela qu'il a combattu contre un Japonais nommé Kato, un expert en Judo. Il a dominé le Japonais jusqu'à le laisser inconscient grâce à un étranglement. Nous sommes en 1951 et la scène se déroule à Rio de Janeiro. Il a ensuite défié le champion japonais toutes catégories de l'époque, le Judoka Masahiko Kimura. Kimura est venu à bout de Helio Gracie après une Lutte acharnée de 13 minutes. Il lui a placé une clé de bras imparable (*Ude Garami*) qui porte désormais son nom.

DK : Qui sont les personnes qui ont créé le *Valetudo* ? A-t-on un historique là-dessus ?

BA : Personne ne peut dire qui a créé le *Valetudo*. Au Brésil, le principe de vouloir se mesurer et se défier pour affirmer : « Mon sport est le plus efficace, ma discipline est la plus forte et mon académie est la plus forte », est vraiment ancré dans la culture. Les pratiquants ont donc décidé de s'affronter pour se mesurer. Le *Valetudo* est né de cette façon. Helio Gracie est peut être le seul à pouvoir revendiquer ce droit. Il semble qu'il ait commencé à relever des défis à partir de 1932, en affrontant et en soumettant un boxeur professionnel du nom d'Antonio Portugal en 30 petites secondes. Il a ensuite affronté un lutteur professionnel dans un match qui a été stoppé par la police après la quatorzième reprise de 10 minutes. Il a disputé au total une quinzaine de combats et détient d'ailleurs le record du combat le plus long, contre son ancien élève Valdemar Santana. Cet affrontement, qui s'est déroulé au YMCA de Rio de Janeiro en 1955, a duré 3 h 40.

Helio était alors âgé de 42 ans tandis que Santana n'en avait que 26. L'élève a fini par battre son maître !

DK : Peux-tu nous parler de l'*IVC*. De quoi s'agissait-il ?

BA : *IVC* veut dire *International Valetudo Championship*, c'est une compétition née au Brésil en 1997 sous la direction de Sergio Batarelli et qui n'existe plus aujourd'hui. Le but de cette manifestation était justement de retourner aux sources du combat total. C'était grosso modo les mêmes règles que celles des premiers *UFC*, sauf que les combats se déroulaient sur un ring. L'arbitre n'intervenait que pour arrêter le combat dès que l'un des deux était KO ou obligé d'abandonner à la suite d'une soumission.

DK : Les arbitres étaient très complaisants à l'*IVC*, n'est-ce pas ?

BA : Oui. Il ne faut pas oublier que cela se déroulait au Brésil. Il y avait, autour de cet événement, une sorte de code de l'honneur à respecter. Les participants allaient vraiment jusqu'au bout d'eux-mêmes, donc un arbitre qui serait intervenu trop tôt dans un combat pour l'arrêter aurait été pris à partie par tout le monde.

DK : Les coups de tête étaient autorisés. Qu'est-ce qui ne l'était pas, en fait, à l'*IVC* ?

BA : Toutes les formes de percussions étaient autorisées debout comme au sol. Les gants étaient également absents. De ce fait, c'était très sanglant. Les coupures au visage sont fréquentes avec l'absence de gants.

DK : Donc on peut affirmer que l'*IVC* était quand même le combat absolu ?

BA : Dans la pratique, l'*IVC* était l'organisation la plus dure, même si, en théorie, les règles étaient les mêmes qu'à l'*UFC* des débuts. Le niveau général des combattants de l'*IVC* était supérieur à celui des combattants des premiers *UFC*. Certains grands noms actuels ont d'ailleurs combattu pour cette organisation. On a pu en effet voir les débuts de Wanderlei Silva, Chuck Liddell, Gary Goodridge, José « Pelé » Landi, Renato « Babalu » Sobral, ou Wallid Ismail, pour n'en citer que quelques-uns.

DK : En fait, moins il y a de règles, plus il y a de risques, plus il y a de spectateurs, et plus le tournoi devient culte. Combien d'années a duré l'*IVC* ?

BA : Le rapport entre le manque de règles et le niveau de risque est juste, en revanche cela n'a aucune incidence sur le nombre de spectateurs. Affirmer que les gens ne sont attirés que par la violence est selon moi une erreur. J'en veux pour preuve l'évolution de cette discipline vers un vrai sport avec une grosse popularité partout dans le monde. L'*IVC*, à l'instar de l'*UFC* des débuts, a été un mal nécessaire. Je connais des gens qui regrettent cette époque et ce combat total, mais moi je milite pour l'aspect sportif du Free Fight, qui atteindra forcément une reconnaissance universelle.

DK : Quel est ton premier souvenir d'un tournoi de MMA auquel tu as assisté ?

BA : Le premier souvenir, c'est le tournoi international auquel j'ai participé, en 1995. J'ai été invité au Brésil, à la suite de cette rencontre avec Ismail, et après en avoir discuté avec Remco Pardoel qui, lui, a participé à l'*UFC* 2. J'étais invité en tant que combattant dans un tournoi à 8, qui comprenait deux Japonais, un Américain, un Thaïlandais, un Canadien, un Irakien et un

Brésilien... Le gagnant du tournoi devait rencontrer Rickson Gracie pour un match final.

Me voilà donc parti au Brésil sans prévenir personne pour participer à un tournoi de *Valetudo*. Je ne savais pas trop ce qui m'attendait, mais on m'avait expliqué que c'était un combat sans règles. Comme j'en entendais parler de plus en plus souvent, j'ai répondu positivement à cette invitation et me voilà à Rio pour participer au premier *Valetudo International*.

DK : Après la naissance de l'*UFC*.

BA : Oui. Il y avait quand même des gants. Les coups de tête étaient interdits, on était donc un peu dans un système qui ressemblait à ce qu'on fait aujourd'hui. Sauf qu'à l'époque, je n'avais aucune expérience du combat total. Et ça a été une expérience formidable : j'ai perdu mon combat, mais aussi mes idées reçues, et j'ai pris un virage dans ma façon de voir les arts martiaux, dans ma façon de travailler les sports de combat.

DK : Pour en revenir à l'*UFC*, au début des années 90, *Semaphore Entertainment Group*, qui est un distributeur d'émissions payantes à la séance, cherche un produit absolument implacable, qui laissera KO tous les blasés. Et en 1993, son PDG trouve l'idée du combat ultime. Pour mettre l'entreprise à flot, Bob Merovitz s'entoure de Hard Davy et de Rorion Gracie et fonde l'*Ultimate Fighting Championship*. Il présente son premier gala sur *pay per view*. Ça se passe à Denver.

BA : Oui, effectivement, dans le Colorado.

DK : Et personne ne s'attend à la foudre provoquée par ce choc frontal de 8 hommes en furie, 8 athlètes prêts à tout pour faire exploser la soupape. L'impact du Free Fight dans l'histoire naît ce soir-là. Royce Gracie sort vainqueur en faisant une démonstration de Jiu-Jitsu brésilien, du haut de ses 80 kilos et avec un physique presque « frêle ». Après l'événement, on peut dire que Denver est sous le choc.

BA : Le monde entier des arts martiaux et des sports de combat est sous le choc !

DK : Et la plupart des combattants, tel Ken Shamrock, prennent conscience que l'*UFC* nécessite à la fois une excellente technique de sol et une excellente technique debout. D'ailleurs, David Isaac, vice-président de la maison de production de l'*UFC*, *Semaphore Entertainment Group*, annonce la couleur de son caïd : « Dans 9 cas sur 10, Shamrock battrait Mike Tyson. » Quel commentaire peux-tu faire de cette phrase ?

BA : Affirmer une telle chose à l'époque pouvait sembler du pur délire. Aujourd'hui, on sait que c'est une réalité. D'ailleurs, Royce Gracie avait à l'époque défié Iron Mike par voie de presse, sans réponse de la part du boxeur.

DK : Les 5 *UFC* qui suivent ce premier événement ont été ceux de Royce Gracie, Ken Shamrock et Dan Severn. C'est l'âge d'or des combats ultimes, l'âge d'or des pionniers du Free Fight. Ce sport commence à avoir une popularité croissante et on peut qualifier les années qui suivent de « belles années du Free Fight », avec des athlètes variés et souvent extrêmement charismatiques, comme Tank Abott. Peux-tu nous parler un peu de ce personnage ?

BA : Je ne le connais pas personnellement, mais c'est un combattant qui a découvert l'*UFC* pendant un séjour en prison. Et il raconte d'ailleurs qu'il a toujours aimé se battre. Il était dans sa cellule, il regardait l'*UFC* et il s'est dit : « Il y a des mecs qui rentrent dans une cage pour taper sur un autre mec et en plus, ils sont payés. Moi, c'est ce que je veux faire lorsque je sortirai de prison. » Il s'est donc présenté à l'organisation et il a eu la carrière qu'on lui connaît, avec autant de victoires que de défaites. C'était quelqu'un d'assez dingue qui n'avait pas trop de technique, mais un sacré punch. Il était capable de mettre KO n'importe qui. Contrairement aux autres, lui n'a jamais voulu travailler le sol, il a dit : « Il n'y a que les tapettes pour se rouler par terre de la sorte. »

DK : Il est même monté sur le ring complètement saoul…

BA : Oui, c'est vrai. C'est un mec assez atypique.

DK : L'*UFC* commence à présenter des athlètes intenses, comme Tank Abott, Oleg Taktarov, Marco Ruas, Franck Shamrock, devant des salles pleines à craquer où vole un sentiment de quasi-hystérie. Les taux d'achat du *pay per view* étaient tout à fait corrects, mais, étrangement, plus la popularité de l'*UFC* approchait du zénith, plus elle était décriée. C'est ici que débute l'acharnement de la presse sur l'*UFC*.

BA : Il est tout à fait compréhensible qu'à l'époque le public lambda ait été choqué par ce spectacle. Le côté sportif passait vraiment au second plan. C'était très violent, très sanglant et la cage n'arrangeait rien à tout cela. De plus, la plupart des combattants n'étaient pas préparés à ce genre d'affrontement. Les combats au sol étaient méconnus. Personne n'en comprenait même le principe. L'acharnement de la presse à l'encontre de l'*UFC* était, à mon sens, justifié.

DK : À partir de l'*UFC* 12 débarquent des athlètes exclusivement dédiés à ce sport. Ils ne font plus que ça. L'*UFC* est leur principale source de revenus. Les Boxeurs ont appris à lutter au sol, les jiu-jitsukas ont appris la Boxe. Un style hybride est né, mêlant un grand nombre d'arts martiaux, c'est ce qu'on appelle le MMA. Mark Coleman, Randy Couture et Vitor Belfort symbolisent cette nouvelle génération de combattants. Tout ceci nous amène à l'*UFC* 14, d'une violence absolue, sûrement le plus violent jusqu'à aujourd'hui, qui est censuré des réseaux de télévision. Les organisateurs comprennent qu'ils devront lisser l'image de l'*UFC*. Toute une série de règles est imposée et le monde du combat libre commence à avoir mauvaise réputation.

BA : Le système ne pouvait pas durer tel qu'il était. Il devait forcément évoluer vers plus de règles. Il fallait également se mettre en conformité avec les commissions athlétiques des différents États pour permettre l'expansion du MMA. Le côté sportif de ces affrontements devait primer. Les organisateurs étaient contraints de trouver un compromis entre cette violence visuelle et un vrai sport en devenir.

DK : Un compromis entre le spectacle absolu et la morale. Le monde du combat commence à bannir les coups de tête. À partir de l'*UFC* 14 ou 15, les coups de tête sont interdits et le port des gants devient obligatoire.

BA : Oui, les règles commencent à s'affiner. Les gestes les plus violents sont analysés et retirés s'ils n'ont pas de raison d'être. C'est le cas des coups de tête.

DK : Ils obligent aussi les combattants à porter des gants. Mais s'agit-il de gants de Boxe anglaise ?

BA : Non, ce ne sont pas les mêmes gants. La particularité de cette discipline, c'est qu'il faut pouvoir saisir, donc des gants avec les doigts apparents ont été créés, comme des mitaines, et avec une très faible surface au niveau du poing. Ils ne protègent pas beaucoup, mais au moins ils permettent le contact avec les phalanges. Ça évite de se faire plus mal, ça évite aussi de couper l'adversaire même si on ne peut pas éviter toutes les coupures. Ces gants ont le mérite de réduire les risques tout en permettant toujours les clés ou les étranglements. Un système de rounds est également mis en place, avec des arbitres de plus en plus vigilants.

DK : Aujourd'hui, les organisations de MMA produisent des galas mettant en scène des champions olympiques ou du monde du Judo, de la Lutte ou de la Boxe. Ce sport se légitime de gala en gala et avec des coups de pub qui surfent sur l'idée, un peu marketing brutal, que ce sport est quand même *super cool.* Ainsi la hiérarchie classique des grandes fédérations de Judo, de Kick-boxing, de Boxe américaine, de Boxe thaïlandaise - pour ne citer qu'elles – sur les organisations privées de MMA se renverse. Les compétitions classiques de fédérations perdent en valeur puisque aujourd'hui les plus grands champions ne s'expriment souvent plus dans leurs « chapelles ». Soudainement, avec l'idée générale que le MMA est ce qu'il y a de plus vrai, de plus grand, de plus valorisant et avec l'augmentation des primes de combats, le rêve de tout combattant n'est plus de devenir champion du monde ISKA de Kick-boxing ou champion du monde de Judo, mais de monter sur les rings des grandes organisations de MMA.

BA : Oui, mais il y a plusieurs raisons à cela. D'une part, certains champions sont des combattants et veulent se tester dans une discipline qui fait parler d'elle et qui apparaît comme la discipline de combat ultime, et d'autre part, on est sur un sport professionnel.

DK : Et qui dit professionnel, dit argent.

BA : Tout à fait. Il est clair qu'un champion de MMA peut gagner sa vie grâce à son sport. Ce n'est pas le cas pour un champion du monde ou olympique d'un sport amateur.

DK : Te souviens-tu, en 2003, de la phrase d'un champion japonais de Judo ?

BA : Oui, il s'agit d' Akiyama, à qui un journaliste avait demandé avant un championnat du monde quels étaient ses espoirs pour cette compétition. Voici sa réponse : « J'ai envie d'être champion du monde pour avoir une chance d'être remarqué et de pouvoir combattre au *Pride.* »

DK : Cette phrase est tout un symbole. C'est peut-être, d'une certaine façon, la mise à mort de toutes les compétitions fermées des fédérations des sports de combat ou des arts martiaux classiques. Peux-tu nous expliquer le glissement des combattants des fédérations officielles des sports pieds-poings et des arts martiaux vers les compétitions de MMA ? Comment peu à peu les champions du monde des fédérations dites « officielles » arrivent au *Pride* ou à l'*UFC* ?

BA : Les promoteurs de ces organisations sont à la recherche des meilleurs combattants de la planète. Il est donc logique qu'ils cherchent à contacter les athlètes qui ont été champions du monde ou olympiques. De plus, les bourses qui sont proposées sont souvent intéressantes.

DK : Quand naissent les bases actuelles de l'*UFC* ?

BA : L'*UFC* a changé de propriétaire à la suite de la 30e édition. La compagnie *ZUFFA* a pris le relais de *SEG* avec la ferme intention de lisser son image et de faire en sorte que cette manifestation devienne un événement sportif mondialement reconnu.

DK : Qu'est-ce qui différencie le *Pride* de l'*UFC* au niveau des règles actuelles ?

BA : La première grosse différence visible, c'est la présence de la cage à l'*UFC* et du ring au *Pride*. Ensuite, ce sont des petites règles dans la pratique de la discipline, dans le déroulement du combat. Par exemple, au *Pride*, les combattants ont le droit de mettre un coup de pied à leur adversaire lorsqu'il est au sol, sur toutes les parties du corps, y compris à la tête. À l'*UFC*, c'est interdit, on peut frapper au corps mais pas à la tête lorsque l'adversaire est au sol.

Deuxième différence : contrairement au *Pride*, l'*UFC* autorise les coups de coude à la tête. Cela entraîne un changement de tactique suivant qu'on travaille sur un ring ou dans une cage. Dans une cage, on peut amener le partenaire contre la cage pour mieux le contrôler. Au *Pride*, dès qu'on arrive au niveau des cordes, l'arbitre nous ramène au centre, dans la même position, pour continuer le combat.

DK : Jusqu'à présent, nous avons beaucoup parlé de l'*UFC*. Maintenant, nous allons nous intéresser plus précisément au *Pride*. Comment cette organisation est-elle née ? Comment arrive ce fameux tournoi, aujourd'hui connu comme étant le plus impitoyable et sélectif de la planète ?

BA : Le premier *Pride* arrive naturellement en 1994, avec la volonté de perpétuer la tradition, d'opposer des combattants de disciplines différentes, mais cette fois sur un ring. Le premier *Pride* a été créé pour l'affrontement entre Takada, champion de *Pro-wrestling* japonais et un autre membre de la famille Gracie :

Rickson. Lors de sa victoire surprise au premier *UFC*, en 1993, Royce Gracie expliquait que sa famille développait des techniques de Jiu-Jitsu brésilien, qu'ils étaient tous très fort au sol, et que, même s'il venait de gagner cette édition, il était loin d'être le plus fort. Il évoquait son frère Rickson comme étant 10 fois plus fort que lui. Rickson s'est donc envolé à la conquête du Japon.

DK : Est-ce que, pour toi, le *Pride Dynamite* (événement de MMA avec un ring placé au cœur d'un stade ouvert entouré de près de 92 000 spectateurs) correspond au vrai déclenchement de la tornade *Pride* ? N'y a-t-il pas un avant et un après à ce tournoi ?

BA : Non, pas vraiment, parce que cette édition, en 2003, associait le *Pride* et le *K-1*. C'est pour ça que ce tournoi a aussi bien marché. Aujourd'hui, le *Pride* est une organisation à part entière qui fonctionne seule, tout comme le *K-1*. Ce *Dynamite* était un événement hybride proposant une formule inédite mélangeant des combats de Kick-boxing et des combats de MMA.

DK : Oui mais, étrangement, ce sont les combats avec les règles du *Pride* qui ont fait le plus gros tabac. Sur ce tournoi, on retient surtout le *Pride,* hormis, bien sûr, le combat entre Jérôme Le Banner et Don Frye.

BA : Oui, parce qu'il y a eu plus de combats de MMA que de Kick-boxing. De plus, le match qui opposa Antonio Rodrigo Nogueira dit « Minotauro » à l'Américain Bob « The Beast » Sapp a été vécu comme le combat du siècle. Un remake de David contre Goliath ou la victoire de la technique face à la puissance physique. Comment parvenir à vaincre un adversaire de 165 kilos de muscles et 2,02 m se battant comme un lion, lorsque vous ne faites que 105 kilos avec pour seule arme des clés de bras et des étranglements ?

La réponse est dans ce combat qui est un pur chef-d'œuvre. C'est ça, le MMA.

DK : Une autre grande organisation dans le monde des arts martiaux et du MMA est le *K-1*. Il s'agit en fait d'un tournoi intercontinental de poids lourds en Kick-boxing. Mais tous les tournois de *K-1* ne sont pas identiques en termes de règles, en fonction des pays où ils se déroulent. Pourrais-tu nous expliquer pourquoi ?

BA : Il y a un peu de confusion à ce sujet. Le *K-1* est une organisation de combat comme l'est le *Pride* ou l'*UFC*. La différence, c'est que le *K-1* ne propose que des combats dits de pied-poing. C'est un règlement qui s'apparente au Kick-boxing ou à la Boxe thaïlandaise. Pas de projections ni de combat au sol. En revanche, cette même organisation (*K-1*) s'occupe également depuis quelques années des combats de MMA. Pour ce faire, elle a créé une organisation parallèle qui s'appelle aujourd'hui *Hero's*. Certains combattants du *K-1* font d'ailleurs le grand saut pour tenter leur chance en MMA au *Hero's*, comme Jérome Le Banner, ou même au *Pride* comme Mirko Cro Cop ou Mark Hunt.

DK : Le *K-1* est donc, à l'origine, une organisation de sport pieds-poings, sorte de tournoi planétaire des plus de 90 kilos…

BA : En effet, le *K-1* ne concerne que les poids lourds de plus de 90 kilos. Il existe également une entité du *K-1* qui concerne les combattant de 73 kilos, c'est le « *K-1* world max ».

DK : Quelles sont les règles qui distinguent le *Hero's* du *Pride* ?

BA : La différence principale au niveau des règles entre le *Hero's* et le *Pride* est la possibilité au *Pride* de toucher l'adversaire avec toutes les parties du corps, même lorsque celui-ci est au sol. Au *Hero's*, les coups de pied à la tête lorsque l'un des combattants est au sol sont interdits et sanctionnés. De plus, au *Pride*, le premier round est de 10 minutes et les 2 suivants de 5 minutes. Au *Hero's*, les 3 rounds sont de 5 minutes.

DK : Le *Hero's* peut être considéré comme la troisième organisation mondiale de MMA, mais est un tournoi un peu moins agressif que le *Pride* et l'*UFC* ?

BA : Je n'utiliserais pas le terme « agressif », parce que l'agressivité ne fait pas partie des règles. Le terme d'agressivité est directement lié aux combattants.

DK : Le *K-1* et le *Pride* se battent-ils sur le même créneau économique et identitaire ?

BA : Clairement, c'est vraiment une bagarre d'entreprise entre deux grosses organisations japonaises, le *K-1* qui fait du pied-poing et le *Pride* qui fait du MMA. Le *K-1*, pour des questions de droits télévisés et d'audimat, est en guerre avec le *Pride*. Ils captent des parts de marché inouïes en prime time. Ils se sont rendu compte que le MMA intéressait de plus en plus le public. Le *K-1* a un historique plus fort que le *Pride* au niveau télévisuel, au Japon en tout cas, et pour contrer le *Pride*, ils ont créé cette organisation qui s'appelle le *Hero's*. C'est vraiment pour se mettre sur le créneau du *Pride* qu'ils l'ont fait.

DK : Alors qu'est-ce qui explique que le *Hero's* séduit peu ?

BA : Ils ont tout simplement moins de combattants de valeur en contrat que le *Pride*. Tout est une question de têtes d'affiches et de combattants d'élite contractualisés.

DK : Donc le *Pride* reste la première organisation mondiale de Free Fight ?

BA : Oui, la première et la plus crédible. Ils ont les meilleurs combattants de la planète. Le rêve d'un combattant professionnel est de combattre au *Pride*. C'est le nec plus ultra.

DK : Pourrais-tu nous énumérer les principales fédérations de Free Fight qui existent, incluant le *K-1* évidemment, puisque nous allons en parler ?

BA : Il n'y a pas de fédérations, justement, et les termes sont importants. Ce sont des organisations. Demain, si tu veux, tu peux monter ton organisation et mettre sur pied ton événement. Aujourd'hui, il y a des grosses organisations. L'*UFC*, tout d'abord, qui est toujours l'une des plus grosses organisations, puis le *Pride* naturellement, le *Hero's*, le *King of the Cage* aux USA, le *Cage Rage* et le *Cage Warriors* en Angleterre, le *Jungle Fight* et le *Fury Fight* au Brésil, le *Deep*, le *Mars* ou le *Shooto* au Japon, le *2hot 2handle* en Hollande, le *TKO* au Canada, je peux en citer comme cela des centaines.

DK : Qu'est-ce qui distingue le *King of the Cage* de l'*UFC* ?

BA : C'est juste une autre organisation. Entre les organisations, quelques règles peuvent différer, mais là, ce sont à peu près les mêmes. Par exemple, entre l'*UFC* et le *Pride*, la principale différence, c'est que l'organisation américaine se déroule dans une cage alors que la japonaise se passe sur un ring. Le *King of the Cage*, comme son nom l'indique, se déroule également dans une cage.

DK : Il y a aussi des différences au niveau des coups au sol ?

BA : Oui, les *penalty kick* ou les *soccer kick* sont autorisés au *Pride* et interdits à l'*UFC*.

DK : Ce sont les coups de pied à la tête ?

BA : Oui, c'est un coup de pied à la tête sur un partenaire qui est au sol.

DK : Par contre l'*UFC* autorise les coups de coude ?

BA : C'est vrai, les coudes sont autorisés à l'*UFC*. Au *Pride*, les combattants n'ont tout simplement pas le droit aux coups de coude au visage. Mais quand on regarde un combat dans sa globalité, il n'y a pas de grosses différences.

DK : L'évolution des règles de MMA, depuis ces 10 dernières années, s'est faite dans une volonté de limiter les risques des combattants ?

BA : Oui, bien entendu, les organisations sont de plus en plus strictes. La visite médicale est aujourd'hui de rigueur avant un combat et elle est obligatoire. Personne n'a intérêt à ce qu'il y ait un blessé grave à la suite d'un affrontement. Donc tout le monde est vigilant et le règlement va dans ce sens.

DK : Cette évolution permet de dire que l'objectif n'est pas uniquement de se concentrer sur le côté spectaculaire. Ainsi chaque tournoi propose ses propres règles.

BA : Pas précisément. Mis à part les quelques différences que nous avons citées plus haut, il n'y a pas de grandes différences pour le spectateur lambda, lorsqu'il regarde un combat. Les athlètes ne se préparent pas différemment pour un tournoi au

Pride que pour un autre tournoi. Cela signifie que les petites différences de règles qu'ils subissent ne sont pas si importantes. C'est juste une question d'adaptation si tu es amené à changer d'organisation. De plus, le règlement est toujours précisé aux combattants lors d'une réunion la veille d'un tournoi.

DK : De même lorsque des tournois sont organisés par des clubs, ceux-ci proposent leurs propres règles. Par exemple, en Angleterre ou en Hollande…

BA : Oui, mais généralement, soit ils se calent sur les règles du *Pride*, soit ils se calent sur celles de l'*UFC*, leurs références sont les événements majeurs. Aucun tournoi ne propose d'autres règles bizarres.

DK : Toutes ces règles visent avant tout à préserver l'intégrité des participants et à favoriser l'échange des techniques. Donc le combat libre, répétons-le, ce n'est évidemment pas un transfert de bagarres de rue, mais un sport où même les débutants peuvent trouver leur compte. La pratique ne se cantonne pas uniquement à la gent masculine, des femmes font aussi du combat libre, paraît-il ?

BA : Oui. Il ne faut pas parler du combat libre comme d'une compétition, c'est avant tout une discipline. Après, certains peuvent avoir envie d'en faire leur métier, et ceux-là vont se préparer pour être performants dans cette discipline. Mais avant d'être une compétition, le MMA est un sport.

DK : Finalement, sur quoi communiquent les principales organisations ? Prenons l'exemple de l'*UFC*.

BA : L'*UFC* met les athlètes en valeur. Il crée des héros.

À l'origine de l'*UFC*, les organisateurs mettaient l'accent sur l'aspect violent de la discipline avec des gros titres comme « Pas de règles », « Pas de gants ». Ils jouaient sur le côté ultra-violent, alors qu'aujourd'hui, ils créent des champions et les mettent en valeur. Finalement, c'est la formule qui marche le mieux parce que les gens ont envie qu'on leur raconte des histoires…

DK : Et sur quoi communique le *Pride* ?

BA : Le *Pride* communique aussi sur ses champions.

DK : Ne communique-t-il pas aussi sur le sens de l'honneur, une valeur très présente dans la culture japonaise ? Je me souviens avoir vu un T-shirt « *Pride or Die* ».

BA : Oui, c'est vrai. La façon de communiquer sur les champions aux États-Unis et au Japon n'est pas du tout la même. Chacun communique avec sa culture et, bien sûr, le code de l'honneur et la combativité sont plus mis en avant au *Pride*. Au Japon, on voit souvent des combattants qui perdent mais en sortent grandis et plus forts que s'ils avaient gagné.

DK : Au Japon, la communication est donc aussi basée sur la souffrance de l'athlète ?

BA : Plutôt sur le courage. Pour les Japonais, un combattant qui va au bout de lui-même est plus respectable que n'importe qui. Le plus important n'est pas d'avoir gagné ou perdu, mais de se battre en allant jusqu'au bout de ses limites. Si vous donnez l'impression que vous êtes prêt à « laisser votre vie » sur le ring, vous avez gagné.

DK : Le *Pride* communique également sur un rapport très intime entre le spectateur et le combattant en allant jusqu'à dévoiler la jeunesse, parfois dévastée, des combattants. Je pense par exemple à l'extraordinaire Mirko Cro Cop…

BA : Non, ce n'est pas tout à fait ça. Ils ont la volonté de raconter des histoires, de toucher les spectateurs. Quand on parle de Cro Cop, on a envie de raconter que c'est un garçon qui a grandi pendant la guerre et qui s'en est sorti tout seul. Cela, à mon avis, doit être un minimum romancé.

DK : Koizumi, le Premier ministre japonais a voulu rencontrer Mirko Cro Cop. Cela montre à quel point ce sport est devenu important.

BA : Comme je le disais tout à l'heure, les combattants sont mis en valeur et deviennent des icônes. L'accent est mis à la fois sur leur côté guerrier et sur leur côté humain. Ils sont aujourd'hui des modèles pour tous ceux qui suivent un peu cette discipline, qui est très populaire au Japon. Ce n'est donc pas étonnant de voir le Premier ministre japonais serrer la main de Cro Cop ou de vouloir son gant dédicacé.

DK : Mirko Crop Cop, en plus, est devenu député dans son pays.

BA : Oui, il a été député au Parlement en Croatie.

DK : Pourrais-tu nous parler un peu de ce qu'on pourrait qualifier de *Loft* du Free Fight ou plutôt de *Star Academy* du Free Fight, l'*Ultimate fighter* ?

BA : Dans cette volonté de développer sur le plan marketing une activité, et pour surfer sur la vague de la télé-réalité, l'*UFC* a imaginé et a développé un produit qui s'appelle *TUF*, *The Ultimate fighter*. C'est une compétition de MMA dans une émission de télé-réalité, entre 16 athlètes-combattants, professionnels ou non, qui s'entraînent ensemble. Pour la première saison, les parrains étaient Chuck Liddell et Randy Couture. Le but de ce programme est de les opposer dans deux catégories de poids différentes pour, au final, sortir un vainqueur après plusieurs semaines d'entraînement et de vie commune. Le gagnant se voit offrir la possibilité de signer un contrat de participation à l'*UFC*. Ce show a été un succès populaire aux États-Unis parce que les téléspectateurs découvraient les combattants dans leur intimité ; ils les voyaient s'entraîner, souffrir ensemble, bref, tout ce qui fait la vie d'un athlète, 24 heures sur 24.

DK : Un véritable guerrier peut-il sortir d'une telle organisation ? On ne peut pas nier qu'il y ait une véritable fractale, un véritable mur entre un combattant et un guerrier.

BA : Un guerrier, on ne le crée pas, je pense qu'on naît guerrier.

DK : Donc tu ne crois pas au fait qu'un immense champion puisse sortir de l'*Ultimate fighter* ?

BA : Si, pourquoi pas ? Si un guerrier est choisi dans le casting de l'*Ultimate fighter*, forcément il en sortira grandi parce qu'il aura vécu dans des conditions idéales de préparation.

DK : Les grandes organisations de MMA apparaissent aujourd'hui comme des fabriques de héros, elles imposent le mythe du héros des rings. Est-ce, selon toi, une réponse au système broyeur d'identité ? Comment et pourquoi ces combattants sont devenus de véritables modèles dans nos sociétés ?

BA : Je crois qu'on vit dans une société où les gens osent de moins en moins. Le MMA fascine parce qu'on y voit des combattants qui osent monter sur un ring pour mener un combat, c'est souvent ce que j'entends. La phrase qui me vient à l'esprit, c'est : « Il faut quand même du cran pour monter sur le ring ! » Elle est révélatrice de ce phénomène. Les gens n'ont plus de courage. Nous vivons dans une époque quadrillée par la lâcheté.

DK : C'est révélateur de ce qu'est devenu l'homme, à savoir un individu de plus en plus adapté au comportement féminin, des hommes de plus en plus doux, « penchés vers les méthodes féminines » où la sensibilité est nettement plus valorisée socialement que la force physique ou autre avatar de la virilité.

BA : Oui, je suis complètement d'accord avec toi.

DK : Mais alors, l'ouverture sur le monde du Free Fight, Bertrand, si elle a permis de créer une discipline riche, abreuvée par toutes les techniques des autres arts martiaux, a aussi attiré dans son siège des combattants étranges assez éloignés des arts martiaux. Allécher des gens par ce gros gâteau, qui brasse des millions de dollars, conduit même des journalistes à parler de la « dégénérescence du Free Fight », avec par exemple des garçons comme Bob Sapp. Peux-tu nous parler du phénomène Bob Sapp ?

BA : Je ne suis pas trop en accord avec cette analyse. C'est vrai que Bob Sapp vient du football américain et qu'il a des mensurations exceptionnelles. Il a fait preuve également d'énormément de courage, car il ne possédait aucune technique à son arrivée sur le circuit. C'était juste une force de la nature…

DK : …et qui était connu pour son agressivité sur le terrain !

BA : Personnellement, je ne le trouve pas agressif.

DK : Quand il était footballeur américain…

BA : Comme l'est tout footballeur à son poste. Le poste qu'il occupait consistait à saquer les attaquants et à protéger le porteur du ballon. Il était obligé d'être agressif, c'était son rôle.

DK : Comment cet homme a attiré la curiosité des spectateurs ?

BA : Les Japonais aiment les personnages hors norme, les monstres, les forces de la nature. Bob Sapp entrait complètement dans ces critères. Quand il a signé au *K-1*, il a dû apprendre une discipline, le Kick-boxing, et étant également combattant au *Pride*, il a aussi fait du MMA, mais sans technique. Il a essayé de se défendre et de s'imposer uniquement par sa seule arme : sa puissance. Je le respecte énormément parce que, malgré son physique, ça a dû être très dur pour lui. Il faut aujourd'hui une rigueur et un entraînement titanesques pour atteindre son niveau. Il a beaucoup progressé.

DK : Quand il est arrivé au *K-1*, il pesait encore 170 kilos et s'essoufflait très rapidement, au bout de quelques minutes seulement. Il avait du mal à lever les jambes. D'une certaine façon, il profite de l'amplitude des règles pour pouvoir s'imposer par sa seule force. C'est la largesse des règles qui a permis à ce type de combattant-monstre de n'utiliser que sa force naturelle dès le départ de ses combats, alors que dans des championnats du monde de Judo ou de Karaté, l'athlète, d'un point de vue technique, doit être au point. Ne vois-tu pas une dérive dans ce spectacle ?

BA : Non. Le MMA est une discipline ouverte à tout le monde. De plus, le physique de Bob Sapp a montré ses limites lorsqu'il a été opposé à la technique pure. C'est la leçon qu'il faut en tirer. De plus, on ne va pas lui reprocher d'utiliser sa force, c'est la seule arme qu'il possédait à l'époque. Il y a parfois des gens très lourds, en Judo notamment, qui n'ont aucune technique et qui essaient de gagner des combats en utilisant uniquement leur puissance musculaire. Mais quand ils tombent sur un adversaire aussi fort mais plus technique, ils perdent. Ça n'arrive pas qu'en MMA. Je ne suis pas d'accord avec cette idée de dérive.

DK : J'ai vu récemment une information, sur Mike Tyson, celui qu'on a appelé pendant des années « l'homme le plus fort du monde ». Il pourrait apparemment revenir dans le jeu du combat au sein du *K-1*. Qu'en penses-tu ?

BA : Non, Mike Tyson est revenu dans le giron du MMA, mais en tant qu'arbitre, pas en tant que combattant. Il a toutefois signé avec le *Pride*, mais s'il combat, les règles seront adaptées pour que le combat ressemble plus à de la Boxe anglaise qu'à du MMA.

DK : Donc, selon toi, il ne combattra pas en MMA ?

BA : Non, il ne combattra pas en MMA. Il sait très bien qu'il n'a aucune chance. Il y a quelques années, il aurait été persuadé d'envoyer n'importe qui au tapis, et même n'importe quel combattant de Free Fight, dans la mesure où, à l'époque, personne ne savait ce que le Free Fight représentait vraiment et surtout ce que représentaient les techniques de sol. Mais, aujourd'hui, il est évident qu'une personne qui s'intéresse à ce domaine est consciente que, sans préparation conséquente à ces formes de combat, elle ne pourrait pas tenir plus d'une minute face à un combattant bien préparé.

DK : Par exemple, Tyson face à Fedor Emelianenko, le champion poids lourds du *Pride* ?

BA : Peut-être une minute… Et encore.

DK : Selon toi, les modalités de combat sont imaginées pour se rapprocher au plus près du combat spectacle ou du combat vérité ?

BA : On est entre les deux. Le spectacle fait partie de ces événements. D'ailleurs, avant les événements, le président du *Pride* répète régulièrement aux combattants : « Vous êtes des combattants, des champions, des grands champions, mais n'oubliez pas que vous êtes là également pour faire plaisir au public... » Il leur dit qu'on est dans un sport spectacle et que la partie spectacle est aussi importante que la partie sport. Le spectacle prend tout son sens à l'entrée des combattants (attitudes, échanges avec le public, musique...), mais également pendant les combats, il faut que les combattants aillent au bout d'eux-mêmes, qu'ils ne se retiennent pas et qu'ils tentent le maximum de prises. On a l'impression, que, dans son discours, le président sous-entend « même au risque de prendre un KO ».

DK : David Douillet parle de vraie alternative par rapport à la discipline initiale des combattants. Cette alternative, le MMA, ne risque-t-elle pas de tuer littéralement les autres arts martiaux ?

BA : Il est en train de le faire dans la perception que l'on peut en avoir en terme d'efficacité. Hier, un professeur de Karaté pouvait dire à son élève « je vais t'apprendre à maîtriser le coup qui tue et avec ce coup-là, tu vas être super fort et super efficace », un prof de Boxe pouvait dire à son élève « avec ta technique de poing, tu pourras mettre KO n'importe qui ». Aujourd'hui, plus personne ne peut oser dire ça. Parce que tout le monde sait très bien que c'est faux.

DK : Même la Boxe est aujourd'hui en danger par rapport au MMA.

BA : La Boxe n'est pas en danger. Pas plus que le Judo, la Lutte ou toute autre discipline de combat. Elles sont plus que nécessaires pour un pratiquant de MMA. Seulement, aujourd'hui, on a des connaissances qui permettent de voir les choses sous un autre angle. Hier, quand on voulait faire une discipline, on se demandait quelle était la plus efficace, aujourd'hui, la réponse est que la discipline la plus efficace est celle qui rassemble toutes les disciplines de combat : le MMA.

DK : Donc, aujourd'hui, pour toi, un duel historique comme celui qui a opposé Lenox Lewis à Mike Tyson ne serait pas autant médiatisé qu'il y a 4 ans ? Ce genre de médiatisation serait plus réservée à un combat entre Fedor et Mirko Cro Cop ?

BA : Exactement. Aujourd'hui quand il y a une finale de championnat du monde de Boxe, on ne peut plus dire que le vainqueur est l'homme le plus fort du monde.

DK : D'ailleurs le désintérêt croissant pour les sports de combats classiques et en particulier pour la Boxe se voit dans la fréquentation des combats. Lors du dernier combat de Mormeck, pour un championnat du monde extraordinairement important, la salle, qui n'était déjà pas immense, était loin d'être pleine. Si ce combat avait eu lieu 15 ans plus tôt, les spectateurs auraient peut-être été 5 fois plus nombreux.

BA : C'est évident.

DK : Pour toi, est-ce qu'un film comme *Bloodsport* a joué un rôle auprès du grand public ?

BA : Oui, certainement dans l'identification, ou peut-être pour expliquer ce qu'est le Free Fight. Les gens peuvent avoir des repères cinématographiques grâce aux images les plus parlantes. Souvent, quand on veut expliquer ce qu'on fait, on dit c'est comme dans *Bloodsport*, parce que c'est un film dans lequel s'affrontent des combattants de différents pays et de différents univers martiaux.

DK : Avec ce film, Van Damme est devenu une star, peut-être parce que les populations sentaient que derrière *Bloodsport* se tissait une nouvelle réalité ?

BA : Non, je ne pense pas, c'était une fiction qui est devenue réalité, certes, mais, à l'époque, c'était vraiment une fiction. De plus, aucun protagoniste dans ce film n'était spécialiste du travail au sol. Personne n'imaginait que cette fiction deviendrait, des décennies plus tard, le sport le plus en vue de ce début de XXIe siècle.

DK : + de risques sur le ring + de spectacle + de spectateurs, c'est une équation froidement mathématique. Le *Pride* représente une grande évolution par rapport à la boucherie de l'*IVC*. Ne crains-tu pas un retour, pour des motifs commerciaux, consuméristes, vers un « moins de règles », un retour vers plus de libertés pour les combattants, dans le but de favoriser le spectacle et le risque, et donc l'audimat ?

BA : Non, ce n'est pas possible. Ça a existé, mais aujourd'hui tous les combattants demandent plus de sécurité. Le Free Fight veut être une discipline universelle. On ne veut pas être cantonné à un groupuscule d'« afficionados ». Personne n'accepterait ce qui se passait aux origines du Free Fight. Et c'est normal, on ne peut pas demander à 2 mecs de s'entretuer…

DK : Même pour 1 million de dollars ?

BA : Un tel combat ne serait pas retransmis par les télévisions, et sans télévision, il n'y a pas de million de dollars.

DK : Le Free Fight apparaît de plus en plus, pour les connaisseurs, comme un affrontement sous-terrain de clans, d'écoles, comme la *Chute boxe*, la *Brazilian Top Team*, la *Golden Glory*, la *Red Devils*, etc.

BA : C'est aussi le cas dans les autres disciplines.

DK : Mais dans le cas du MMA, l'idée d'affrontement et d'identification à un clan est médiatisée.

BA : Oui. C'est un aspect qui entre dans l'idée de raconter des histoires, comme on l'évoquait précédemment.

DK : Concernant ces clans, le plus célèbre est certainement celui de la fratrie des Gracie. Au-delà de leur médiatisation, il leur arrive aussi d'alimenter leur image avec des combats improvisés et underground. C'est arrivé en France avec un jeune combattant de Perpignan. Peux-tu nous en parler ?

BA : Oui, c'était contre Damien Riccio. J'ai d'ailleurs interviewé Damien à ce sujet. Comment cela s'est-il passé ? C'est simple, Damien pratique le Free Fight à Perpignan et Robin Gracie y est venu pour donner un stage. Aux États-Unis, la famille Gracie s'est fait connaître en allant dans des clubs d'arts martiaux pour y défier les professeurs. Les combats étaient filmés et ont donné lieu a un reportage intitulé *Gracie in action*. On y voit comment des professeurs d'arts martiaux se font ridiculiser devant leurs élèves en acceptant des défis face à des membres de la famille Gracie.

Du coup, quand Robin Gracie est arrivé à Perpignan, Damien, qui est assez admiratif de cette famille et qui veut toujours savoir où il en est sur le plan personnel, décide d'aller à sa rencontre afin de lui proposer un défi. Au début, le Brésilien pense que Damien veut un autographe et ne le prend pas au sérieux. Damien insiste en lui proposant de définir les règles de son choix. Gracie répond qu'il accepte le défi si tous les coups sont permis. Le combat se déroule donc dans des circonstances un peu particulières devant un public autorisé, et Robin Gracie subit une punition qui l'oblige à abandonner.

DK : Beaucoup de rumeurs ont circulé sur les réactions du clan Gracie. Peux-tu nous en parler ?

BA : Oui, il y a eu beaucoup d'histoires à la suite de ces événements, Damien et certains membres de la famille se sont défiés par sites Internet interposés. Je ne veux pas ici me faire l'arbitre de ces querelles qui n'apportent rien de positif au monde du MMA.

DK : Si on observe les détenteurs des ceintures du *Pride*, comme de l'*UFC*, on remarque que la Russie et le continent sud-américain dominent les principales compétitions de MMA. Peut-on y trouver des explications sociologiques ? Est-ce que tu vois, dans la multiplication des combattants issus de ces nations, le sport comme un ascenseur social, notamment au Brésil ou dans les favelas, où tous les gosses veulent un jour devenir un Minotauro Nogueira ou un Wanderlei Silva ?

BA : Oui, parce que ce sont des modèles, mais sur le nombre total de pratiquants de ce sport, combien y parviennent ? L'*UFC*, la deuxième plus grosse manifestation à ce jour, propose une prime de 2 000 dollars pour un combattant qui fait ses débuts dans l'organisation. Cet événement a lieu tous les 2 mois et personne ne peut combattre tous les 2 mois. Ça ne peut pas être un ascenseur social parce que, pour arriver à ce niveau, il faut déjà faire énormément de combats. Ceux qui vivent de leur sport, ce sont les très grands champions qui ont déjà une longue carrière derrière eux et, surtout, qui ont commencé à combattre pour rien, pour zéro. Et avant d'y parvenir, ils ont d'abord été champions dans leur propre discipline. Peut-être que dans quelques années, le MMA sera comme la Boxe aujourd'hui, où on peut vite devenir professionnel et gagner de l'argent en participant à beaucoup de tournois. Avoir un sponsor, un agent et ainsi de suite. Mais, actuellement, ce n'est pas possible.

DK : Penses-tu que le MMA puisse avoir un rôle fédérateur, un rôle dans la cohésion sociale d'un pays comme le Brésil, par exemple ?

BA : Ce qui est intéressant dans cette discipline, c'est qu'elle rassemble. Le Brésil est un pays qui fait preuve de machisme, un pays dans lequel les conditions de vie sont très difficiles, et où il est important de savoir se défendre et d'exister physiquement. Le culte du corps y est également très développé. Alors, forcément, quand un sport comme le MMA émerge, tous les jeunes s'identifient aux champions et veulent leur ressembler. S'ils sont amenés à pratiquer cette discipline, le fait d'aller dans des clubs pour s'entraîner, d'apprendre cette rigueur de l'entraînement à travers les valeurs transmises par les arts martiaux, ils ne peuvent qu'en sortir grandis. Le club devient dans la plupart des cas un second foyer d'éducation où l'on apprend à vivre avec l'autre et à respecter ses concitoyens.

DK : D'ailleurs, avec tes collègues de *FightSport*, tu organises des journées rencontres-entraînements avec des grands champions. Peux-tu nous raconter comment ça se passe ?

BA : Naturellement. On organise des stages avec des champions de MMA qui viennent à la rencontre de leurs fans. Les pratiquants ne les voient généralement qu'au travers de DVD et, là, ils ont l'occasion d'être face à leur héros. D'ailleurs, la plupart ne viennent pas pour apprendre des techniques de combat, à la limite, ça leur est pratiquement égal, ce qu'ils veulent c'est voir les champions, les toucher, être photographiés avec eux et pouvoir dire : « Je l'ai rencontré. »

DK : Pour certains de ces jeunes, le MMA est devenu le sens même de leur vie ?

BA : Complètement. Le Free Fight est vraiment une discipline qui passionne. Les exemples de passion, voire d'hystérie, tels que ceux qu'on voit en MMA, ça n'existe que dans le foot, et pas ailleurs. Moi qui ai été en équipe de France de Judo, je n'ai pas connu ça, jamais. Ce n'est pas le même rapport avec l'athlète. L'athlète, dans une discipline olympique, est respecté pour ses titres, et seulement pour ses titres. En MMA, on a l'impression qu'on passe à un niveau supérieur, on adule les champions. Ils deviennent des sortes d'icônes. C'est tout bonnement hallucinatoire.

DK : C'est du fanatisme, en effet. Prenons l'exemple de celui qui est considéré par les plus grands spécialistes comme l'homme le plus fort du monde, « l'homme que personne ne peut battre » : Fedor Emelianenko. Il est intéressant d'observer qu'il est adulé non seulement pour ses performances ultimes sur le ring, mais également pour l'aura quasi-orbitale que dégage son visage. Il est ce paradoxe opposant l'innocence de son regard au fauve sans états d'âme qu'il devient lorsque le gong retentit.

BA : Il le devient dès que le combat commence. Il faut bien comprendre que le combat sur le ring ou dans une cage n'est qu'un moyen d'expression. Les combattants s'entraînent des heures et des heures pour être performants. Des centaines d'heures pour parfois quelques secondes. Il ne faut pas se louper. Tous ces sacrifices doivent trouver une justification sur le ring ou dans la cage. Fedor est un personnage sensible et doux dans le privé qui devient la plus efficace des machines lorsqu'il est enfermé entre les cordes d'un ring.

DK : Finalement, le degré de fanatisme est aussi lié à la valeur ajoutée de l'athlète par rapport à son pur statut de combattant. Fedor possède autre chose de fascinant que son attitude sur un ring. Cet homme est un secret.

BA : Oui, chacun a une particularité, et, ce qui frappe le plus chez Fedor, c'est cette tranquillité, le vide qu'on sent dans son regard quand il avance vers le ring. Comme s'il ne marchait vers rien, avec une espèce de nonchalance affichée, alors qu'il va affronter les lois les plus dures de tous les sports de combat… C'est quelque chose de parfaitement inexplicable.

DK : Le ring semble devenir une sorte de Sibérie.

BA : Oui, pourquoi pas… En revanche, quand le combat commence, il se transforme et on a du mal à croire que la personne qui se bat est celle qui est arrivée 2 minutes auparavant.

DK : Alors qu'avec quelqu'un comme Wanderlei, c'est plutôt la colère qui entre dans le stade. C'est une longue ligne de poudre explosive qui traverse la foule jusqu'au ring.

BA : Oui, chacun a sa façon de gérer l'événement. J'ai discuté avec Fedor et lui ai posé cette question. C'est sa façon de gérer l'événement, de faire le vide et de se décontracter. Il essaie de ne penser à rien, de marcher tranquillement vers son combat, de se relâcher le plus possible pour que, au moment où l'affrontement démarre, tous ses enchaînements puissent venir naturellement.

DK : Il garde donc son énergie ?

BA : Exactement. D'autres ont besoin de montrer tout de suite à l'adversaire qu'ils sont prêts à se battre. Le combat de Wanderlei commence dès son arrivée sur le ring. Il joue plus sur le regard et l'intimidation. Son adversaire comprend immédiatement ses intentions. C'est également très efficace en ce qui le concerne.

DK : Chacun a sa méthode, mais les combattants les plus impressionnants ont des méthodes marginales, c'est aussi pour ça qu'ils paraissent si stupéfiants, si originaux, et c'est ce qui constitue leur rareté. Parlons de la violence, cœur du sujet. L'homme moderne semble, aujourd'hui, avoir les nerfs à vif. Nous vivons dans une époque où la colère semble rentrée, crispée. Vois-tu le MMA comme un symptôme de cette époque ? Le MMA te semble-t-il être une réponse face à la culture du politiquement correct ? Es-tu au courant qu'aux USA sont nés, il y a 5 ou 6 ans, les *backyard fighting*, ces espèces de *Fight Club*, dixit le livre de Chuck Palaniuk et le film de David Fincher. À l'heure où l'on se parle, des combats à mains nues comme dans *Fight Club* ont lieu dans la rue, et la nouveauté, c'est que maintenant les gens se filment.

BA : Il faut bien faire la différence, car ce sont 2 choses distinctes, entre ce qu'on peut ranger sous l'appellation « combat underground », ce que tu appelles *Fight Club*, où la seule chose recherchée est la violence, et le Free Fight en tant que sport, discipline. La violence a 2 aspects. Le fait de frapper quelqu'un, c'est violent, c'est de la violence pure. Mais il ne faut pas oublier ce qu'il y a autour, l'environnement de cette violence. 80 ou 90 %

des combattants ne prendraient jamais part à un combat de rue, à un *backyards*. Quand ils combattent sur un ring, ils le font en tant que discipline sportive. Ce n'est pas le fait de taper sur l'autre qui les intéresse. Les personnes qui participent à des *backyard* ne sont pas des gens qui s'entraînent, ce sont des individus qui, pour un pari ou juste pour s'amuser, se disent : « Tiens, lui, je vais le taper, pour voir qui est le meilleur. » Mais il n'y a aucune recherche technique, il n'y a rien de construit dans ce genre de bagarres, car ce sont des bagarres et pas des combats. On combat pour une cause, pour un but précis, avec une logique de préparation afin d'atteindre son objectif. La défaite fait d'ailleurs partie de l'apprentissage et doit nous aider à rebondir, à persévérer. Le but est de devenir meilleur. C'est une véritable école de la vie.

DK : Je suis d'accord, mais c'est aussi le fruit d'un déracinement social, symptomatique de notre époque. « La sociologie est un sport de combat », pour citer Pierre Carles.

BA : Je ne sais pas si c'est un symptôme d'époque, je crois que, de tout temps, l'homme s'est toujours battu. Je ne pense pas que ce soit d'époque. Ce genre de choses a dû exister à toutes les époques et tout le temps.

DK : Donc, selon toi, *Fight Club* n'est pas un film d'époque, mais un film sur l'homme ?

BA : Complètement, pour moi, c'est un film sur l'homme. L'homme est un guerrier, l'homme cherche toujours à se battre. Je pense qu'il ne s'est jamais passé une journée, une seule journée de paix absolue, sans aucun conflit et sans aucune guerre dans le monde entier. On n'a jamais dû avoir une seule minute de répit depuis que le monde est monde. Quelque part, il y a toujours eu des affrontements.

DK : Mais la violence devient, comme tu le disais, un système de valeurs. Le phénomène du *slapping*, c'est aussi ça, exhiber le fait qu'on exerce sa puissance. Dans un sens, même Nietzsche prônait cela. Il ne prônait pas la violence, mais il prônait l'affirmation de sa propre puissance. Il prônait le dépassement, le fait de retrouver ses instincts vivants. Il prônait le fait de retrouver l'innocence du premier degré. D'ailleurs, beaucoup voient dans *Fight Club* l'expression du troisième homme nietzschéen, voire de l'homme libéré, de l'homme tout-puissant, ultra-vivant, et d'une certaine façon, de l'homme épuré des parasites du ressentiment, de l'esclavagisme moral, de l'impossibilité de vivre totalement le réel en l'affrontant, le créant. *Fight Club* est encodé sur le mythe du surhomme. Le phénomène de héros absolu, à travers le Free Fighter, ne symboliserait-il pas la vectorisation de nos désirs de devenir à notre tour, par le transfert d'identification sur l'idole, cet homme rebelle, cet homme supérieur ?

BA : Je suis compétiteur et, pour moi, un combat est avant tout l'expression de ce que je suis en tant que personne. Le compétiteur, dans toutes les disciplines, n'a en fait qu'un seul but et qu'un seul adversaire, c'est lui-même. L'autre n'est qu'un support pour y parvenir. On se bat contre un adversaire, mais c'est contre nous-même que nous nous battons. Nous devons affronter nos doutes et nos peurs qui sont matérialisés par l'adversaire. C'est la raison pour laquelle il y a autant de respect entre les combattants. On reconnaît en l'autre son rôle dans sa propre progression.

DK : Le combat libre, en terme générique, est une discipline qui regroupe sous une même catégorie plusieurs types de pratiques. Ainsi, les combattants naissent de différents horizons : Pancrace, *Valetudo*, Ju-Jitsu, Judo, Karaté, Taekwondo, Boxes française, anglaise et thaïlandaise et décident de se tourner vers le combat libre.

Ils doivent s'entraîner et développer des compétences dans des techniques de combat que leur pratique initiale ne mettait pas forcément en valeur. Par exemple, les pratiquants de Boxe thaïlandaise apprennent les techniques de Lutte au sol…

BA : Effectivement, tout le monde doit chercher à développer des capacités dans des disciplines autres que la sienne. Il n'y a aucune discipline avant les années 90 qui proposait ce que propose le combat libre aujourd'hui. Ainsi tous les combattants doivent pratiquer plusieurs sports afin de compléter leur discipline de prédilection. Et dans 50 ans, les combattants seront multidisciplinaires parce que le Free Fight sera considéré comme une discipline à part entière et non plus comme une association de différents arts martiaux.

DK : Dans un sens, le combat libre a dynamité les « Petits Cortex », comme pourrait écrire Maurice G. Dantec, en proposant de vrais horizons, à savoir une discipline qui offre une véritable ouverture d'esprit.

BA : Complètement. C'est bien dit, et c'est important, ça offre une vraie ouverture d'esprit. C'est une ouverture vers d'autres disciplines, et les combattants sont obligés d'avoir l'humilité de dire : « Je vais apprendre, avec le niveau que j'ai dans ma discipline, je vais essayer de repartir de zéro et de mettre une ceinture blanche pour apprendre une autre discipline que je ne maîtrise pas. » Il faut avoir beaucoup d'humilité pour se remettre à un niveau de débutant. On est obligé de s'ouvrir à autre chose.

DK : Avec en prime le respect mutuel des partenaires. J'en veux pour preuve le salut des combattants à chaque début ou fin de séance, comme au Judo et au Karaté.

BA : Les gens qui pratiquent le combat libre font tous des arts martiaux, donc le salut est une habitude. Quelle que soit la discipline que je pratique, que je sois spécialiste ou pas, je reste la même personne, avec la même éducation, martiale.

DK : En France, cet aspect d'ouverture d'esprit ne convient pas à certaines fédérations, Karaté ou Judo pour ne pas les citer, qui ont une vision particulièrement restrictive...

BA : Certaines personnes ne cautionnent pas le MMA. Les oppositions multistyles ne leur parlent pas et elles n'y voient aucun esprit martial.

DK : Elles ont une vision particulièrement étriquée de leur sport. En théorie, rien n'empêche un Judoka de pratiquer le Judo un soir et de pratiquer le lendemain le Pancrace, sans pour autant perdre son âme de Judoka ?

BA : Complètement.

DK : Or, visiblement, cette conception dérange les présidents de fédérations, ou les dirigeants de clubs d'arts martiaux traditionnels.

BA : Quand ils s'attaquent au combat libre, ils critiquent la compétition et la façon dont elle se déroule, en mettant en avant le fait que c'est une discipline qui n'est pas un sport mais plutôt un spectacle, sans aucun suivi médical et sans structure sérieuse. Ce sont des arguments qui pouvaient être recevables il y a 10 ans, mais heureusement tout a bien évolué. Maintenant, il faut se tenir au courant pour savoir exactement de quoi on parle.

DK : Ne crois-tu pas que cette réserve ou ces critiques des fédérations traditionnelles, par exemple de Judo, sont liées à une peur de perdre leurs adhérents ?

BA : Il y a en effet sûrement un peu de cela. Et ça se comprend lorsqu'on ne connaît pas le phénomène. En fait c'est le contraire qui se passe. Certains combattants vont se tourner vers le Judo pour se perfectionner au niveau des projections.

DK : L'intransigeance de certains dirigeants a-t-elle, selon toi, un effet pervers sur les pratiquants qui, dégoûtés par cette attitude, iront vers le combat libre ?

BA : Non, selon moi, celui qui veut faire du Judo fera du Judo, et s'il est intéressé par le MMA, il comprendra très vite qu'il doit continuer à progresser en Judo en plus des autres disciplines.

DK : Lors du stage de Wanderlei Silva en France, un jeune combattant a été interviewé pour exposer ses motivations et il insistait sur le fait qu'il n'était pas blessé, malgré l'intensité du stage. Dans la pratique amateur du combat libre, les blessures graves sont rares.

BA : Bien sûr, pour les amateurs, c'est un sport qui se pratique sans coups portés, avec des protections et du travail au sol, donc il n'y a aucune raison pour qu'il y ait plus de blessés en MMA que dans une autre discipline. Le but de l'entraînement n'est pas de mettre son partenaire KO, mais de chercher à progresser techniquement de manière ludique. Mais comme dans n'importe quel sport, les blessures existent.

DK : Si on faisait des examens médicaux sur les combattants, ne crois-tu pas qu'on verrait que les pratiquants de Boxe anglaise sont plus abîmés que les combattants de MMA ?

BA : Il ne faut pas chercher à faire de procès d'intention à la Boxe pour défendre une autre cause. Toutefois, tout le monde sait que 90 % des coups en Boxe sont portés au visage. C'est forcément plus traumatisant. Le but est de démontrer qu'il n'est pas normal en France de voir le MMA décrié parce que prétendument dangereux, alors qu'il l'est moins que certaines autres disciplines.

DK : Du fait de la grosseur des gants, les coups en Boxe sont portés plus lourdement ?

BA : Oui, mais pas seulement. La première raison, comme je le disais, c'est la concentration des coups sur la zone de la tête. La deuxième raison, c'est qu'en Boxe, les combattants sont confrontés au *knock-down*. Lorsqu'un combattant est touché et tombe au sol, l'arbitre s'approche de lui pour compter jusqu' à 8 ou 9, pour savoir s'il peut reprendre le combat. En combat libre, si un des combattants tombe, après un down, même s'il n'est pas *knock-out*, l'arbitre arrête le combat.

DK : Même s'il est impossible de chiffrer le nombre de clubs de MMA en France, vu qu'il n'y pas de fédération pour le moment, y a-t-il un club qui se démarque et duquel sortent des champions ?

BA : Peu de Français s'illustrent à un haut niveau international. À mon sens, il n'y a pas de champion français en ce moment. Pour moi, un champion est quelqu'un qui gagne un championnat, qui a un titre, ce n'est pas simplement quelqu'un qui s'illustre à un niveau international. En l'occurrence pour le MMA, ce serait un championnat de l'*UFC* ou du *Pride*.

DK : En France, l'entraînement est autorisé, mais les compétitions sont prohibées, donc pour combattre, les pratiquants doivent simplement passer une frontière.

BA : Oui, ils peuvent participer à des tournois librement n'importe où, sauf en France.

DK : L'année dernière, des journalistes de France 2 ont décidé de réaliser un reportage sur le MMA pour le diffuser lors du journal télévisé. Cela s'est avéré être un reportage extrêmement partial et mal traité.

BA : Oui, celui-là, je ne l'oublierai pas.

DK : Dans ce reportage, par exemple, on voit quelques crochets et directs, mais rien concernant les techniques au sol, le travail minutieux de soumission.

BA : Oui, le sujet a été orienté pour que les téléspectateurs aient simplement une image violente de la discipline. En fait, un journaliste de France 2 (Haron Tanzit) est venu me voir au moment du stage de Wanderlei Silva en France et m'a dit qu'il voulait faire un reportage autour du Free Fight, suite à une commande de France 2 pour le journal de 20 h. J'étais un petit peu réticent au départ, mais le journaliste nous a garanti qu'il s'agissait juste d'une investigation pour comprendre l'interdiction du Free Fight par le CSA. Je pensais que c'était une bonne idée qu'il vienne faire son reportage pendant le stage de Wanderlei, parce que nous n'avons rien à cacher, et le fait que le plus grand champion de l'époque soit là était l'occasion pour une télé, en l'occurrence France 2, de dépasser les idées reçues sur le combat libre. Je savais que le journaliste serait surpris et qu'il verrait, pendant ce stage, des garçons appliqués, respectueux, qui viennent pratiquer une discipline sans violence aucune, avec énormément de respect et de sérénité. J'étais donc très confiant. Le journaliste a assisté au stage et est venu me voir en m'avouant qu'au départ, il pensait voir des gens agressifs, des espèces de brutes épaisses, mais qu'en fait, il ne voyait que des élèves à l'écoute du champion. Des personnes étaient venues de la France entière pour rencontrer leur champion, pour passer une journée avec lui et s'entraîner avec lui. Et il m'a aussi avoué être embêté parce qu'il n'avait pas les images que la chaîne attendait. France 2 voulait des images de violence pour justifier cette interdiction. N'obtenant pas ce qu'il attendait, le journaliste m'a dit qu'il me rappellerait, mais continuait parallèlement à travailler sur son film. Il m'a rappelé quelques temps après en me disant qu'il avait obtenu l'accord de sa chaîne pour finalement faire un documentaire sur la réalité du Free Fight. J'étais ravi et nous avons invité l'équipe de France 2 à nous accompagner à Coventry à la rencontre France/Angleterre pour suivre un événement en direct. Le journaliste a donc suivi les combattants pendant leur préparation, avant le combat, mais aussi pendant et après. Il est également passé à mon club pour m'interviewer longuement.

Suite à cette rencontre, le journaliste m'a promis de me montrer les images avant qu'elles ne soient diffusées. Cela faisait partie de notre accord initial. Un jour, il m'a appelé pour m'avertir que le documentaire passait le soir-même. J'étais furieux de ne pas avoir vu les images avant, comme prévu, mais il était trop tard.

Le reportage du 20 h a duré un peu plus de 3 minutes, ce qui est énorme pour un journal télévisé. Le montage n'a montré que des images choisies sorties de leur contexte. On me voit disant : « Frappe, frappe, frappe », à mon élève Boris Jonstomp, alors en plein combat. Le journaliste a voulu montrer uniquement le côté sauvage et n'a donné aucune explication à ma phrase. Or il y en a une. Boris était en position montée sur son adversaire, et celui-ci protégeait son visage avec ses bras et n'était donc pas touché. En MMA, la règle veut que si on envoie une série de coups à répétition alors que l'adversaire se protège sans riposter, l'arbitre arrête le combat. Tout le monde connaît cette règle qui permet d'éviter le KO, et les blessures. Donc, quand on me voit dire, dans le reportage : « Frappe, frappe, frappe », c'est justement pour que ce point de règlement soit appliqué. Et c'est sur ces images qu'on entend un neurologue américain dire : « C'est impossible de supporter des coups de cette violence, c'est comme si vous preniez un marteau pour lui frapper sur la tête, encore, encore, et encore. » Que pensez-vous que les téléspectateurs gentiment assis en famille devant leur poste de télé en ont pensé ?

DK : En réalité, ce médecin ne commente pas les coups de ton poulain ?

BA : Non, pas du tout, il commente des images de 1993, alors qu'on est en 2005. Il commente les premiers *UFC*. J'en veux pour preuve le documentaire d'Ariel Wizman, réalisé un an plus tôt, et dans lequel on découvre ce même neurologue faisant les mêmes commentaires. Seulement, le plan démarre plus tôt et on peut voir à l'image ce qu'il est en train de commenter. Le plan se resserre lorsqu'il s'exprime, donc il était facile de manipuler l'image.

DK : Le but de France 2 est donc clairement de choquer l'opinion, ce n'était pas un reportage objectif.

BA : Bien entendu. Je ne vois pas d'autre explication. On est au 20 h devant plusieurs millions de téléspectateurs. De plus, ils ont essayé de ghettoïser le MMA.

DK : C'est-à-dire ?

BA : Je vais donner un exemple marquant. J'ai un élève qui s'appelle Frédéric Arnould, un nom bien français. Il est interviewé dans ce documentaire, et il dit que ça lui fait du bien de venir s'entraîner parce qu'après une journée de travail (il travaille dans une régie pub), ça le décontracte, et le fait de s'entraîner, de transpirer, lui permet de libérer son énergie. Et, dans le documentaire de France 2, il s'appelle tout à coup Youssef Rehmani. J'ai du mal à croire que cette erreur soit involontaire sachant que je n'ai aucun élève de ce nom. Et bien sûr, le journaliste n'oublie pas de préciser que la salle se trouve dans le 93, donc en banlieue, *9-3 connection*.

DK : Et ce reportage a eu le titre de reportage de l'année...

BA : Oui, c'est le comble, le prix du meilleur documentaire du 20 h de l'année 2005.

DK : Alors que c'est un montage de A à Z !

BA : C'est un tissu de mensonges. Et ce n'est pas fini. Au moment de la diffusion, j'étais bien sûr devant la télé. Quand j'ai vu les images, je suis resté sous le choc. J'ai tout de suite appelé Haron Tanzit, en lui disant : « Tu m'as bien eu ! » Il s'est confondu en excuses en me disant que ce n'était pas de sa faute, qu'il était également dégoûté, que son rédacteur en chef avait tout remonté sans que lui puisse le contrôler, et qu'il n'aurait jamais dû le laisser passer, qu'il ne pouvait plus continuer son métier de journaliste s'il ne réparait pas cette erreur. Il m'a promis de refaire un montage au plus vite pour essayer de rediffuser le documentaire lors d'un 13 h le mois suivant. Je lui ai répondu que je ne voulais pas un 13 h, mais un 20 h avec toute la vérité et pas une information trafiquée. Il m'a dit qu'il ferait tout son possible, qu'il me promettait un 13 h mais que, pour le 20 h, il n'était pas sûr, mais essaierait de faire le maximum. Au final, on a eu droit au même documentaire le samedi de la même semaine, dans le journal du matin, c'est-à-dire vers 7 h 15, une heure où tout le monde dort pendant un week-end. Il m'a envoyé la cassette et, effectivement, le documentaire n'avait plus rien à voir. Frédéric Arnould avait retrouvé son vrai nom, et le médecin américain n'intervenait plus pour dire n'importe quoi.

DK : Que signifie, selon toi, ce qui s'est passé ?

BA : Cela veut dire qu'il y a des gens qui voient les choses d'une certaine façon et qu'à un moment, la vérité ne semble avoir aucune importance. En l'occurrence ici, le message que France 2 voulait faire passer, c'était un message de terreur par rapport à cette discipline, une discipline pratiquée par des voyous qui vivent en banlieue. Il y a une vraie incompréhension envers le MMA. On n'est pas en train d'armer les jeunes, on les éduque par le sport et la maîtrise d'une discipline difficile et bourrée de valeurs morales.

DK : Et quelle a été la réaction des élèves ?

BA : Tout le monde était sous le choc. Ils m'ont tous appelé pour me demander ce qui se passait. Ils ont eu l'impression de passer pour des sauvages. Le maire de Pavillons-sous-Bois m'a appelé et a voulu faire fermer le club. Il a fallu que je lui raconte exactement comment cela s'était passé, lui expliquer la manipulation. Je l'ai invité à venir au club pour qu'il voit de ses propres yeux ce qui s'y passait. Il disait avoir peur qu'il y ait un mort à la suite d'un entraînement. Voilà le message qui est passé. C'est très grave.

DK : Il est venu ?

BA : Il n'est jamais venu.

DK : Et comment a réagi le CSA ensuite ?

BA : Le CSA a interdit complètement la diffusion de toute compétition de MMA sur les chaînes françaises.

DK : Une chaîne avait-elle déjà acheté les droits d'une quelconque manifestation de MMA ?

BA : Canal+ avait racheté les droits de la saison 2004 et 2005 du *Pride*. J'ai fait les commentaires de ces retransmissions sur Sport+ avec Jean-Paul Maillet. Les scores étaient si satisfaisants que nous devions passer sur Canal+. La décision du CSA a tout bloqué.

DK : Et qu'en pense aujourd'hui le principal acheteur, David Douillet, qui vient quand même d'une discipline « traditionnelle », le Judo ? Quelle est sa position par rapport au Free Fight ?

BA : Aujourd'hui, je ne sais pas. Quand je l'ai rencontré, il avait la même position que ceux qui ne connaissent rien au Free Fight et qui ne l'ont pas vu évoluer. Mais j'ai été voir David avec des DVD de compétitions actuelles, de l'*UFC*, du *Pride* et je l'ai laissé les visionner. Il en a conclu, comme tous ceux qui regardent et qui sont informés, que c'était une discipline comme une autre. C'est ce qui a motivé l'achat des 2 saisons (2004 et 2005) du *Pride* par Canal+. Aujourd'hui, ses responsabilités au sein de la Fédération de Judo cumulées à la mauvaise réputation du MMA l'incitent peut-être à avoir un discours différent…

SAMOURAÏS :
SUR LA ROUTE DU PRIDE

DK : Bertrand, nous allons tenter de mettre en lumière les chemins qui mènent au ring, et de définir ce qu'est un combattant. Peux-tu te présenter plus en détail ainsi que ton parcours sportif ?

BA : J'ai commencé le Judo à l'âge de 10 ans parce qu'il y avait un club à côté de chez moi. Au bout de 6 mois, mon père a décidé de m'inscrire au club de Maisons-Alfort. Ensuite, je suis entré en sport-études à l'âge de 16 ans, au lycée Michelet à Vanves. Grâce à ces premières années d'entraînements, j'ai eu mon premier titre, ma première médaille, nationale tout du moins, en 1984 (vice-champion de France junior). En 1986, j'ai été champion de France junior. Je suis entré en équipe de France en 1984 après l'obtention de cette première médaille. Quatre ans plus tard, j'ai décroché le titre de champion de France senior, ce qui m'a permis d'être titularisé en équipe de France. J'ai également été médaillé européen en individuel, et remporté la coupe d'Europe par équipe de club. En 1991, j'ai gagné les jeux Méditerranéens. Je suis resté 10 ans au total en équipe de France de Judo, avec un grand regret, celui de ne pas avoir participé aux jeux Olympiques de Barcelone en 1992.

DK : Peux-tu nous expliquer maintenant avec précision ce qui s'est passé lors de ta non-participation aux jeux Olympiques ? Pourquoi n'as-tu pas fait ces Jeux ?

BA : Je n'ai pas fait les Jeux parce qu'on ne m'a pas sélectionné. Il n'y a qu'un seul titulaire par catégorie pour combattre en championnat officiel. On m'a sélectionné comme remplaçant. Les entraîneurs ont estimé que je n'étais pas le meilleur représentant pour la France dans cette catégorie. Ils ont préféré à moi Bertrand Damaisin : un autre Bertrand (*sourire*) ! Le comité de sélection est composé d'entraîneurs nationaux et de membres dirigeants de la fédération. Je crois que je n'ai jamais été dans les petits papiers de la fédération. J'ai toujours eu l'impression que je devais en faire beaucoup plus que les autres pour convaincre. J'ai connu la même mésaventure 1 an avant les JO : en 1991, pour les championnats du monde. J'étais le titulaire de cette catégorie des moins de 78 kilos et je me suis retrouvé remplaçant à l'annonce des sélections pour les mondiaux. On a tenté de m'expliquer que je n'avais pas fait la saison que j'aurais dû faire et que j'avais fait quelques contre-performances. C'est Stéphane Frémont qui a été sélectionné à ma place. J'ai pourtant battu Stéphane dans un tournoi de sélection en 6 secondes de combat, mais ce n'était sûrement pas suffisant. Ils m'ont dit, mot pour mot, qu'avec mes capacités, je pouvais faire beaucoup mieux. Qu'ils ne me sélectionnaient pas pour me mettre un « coup de pied aux fesses » de manière à mieux repartir pour les Jeux. Vous connaissez la suite.

DK : À l'époque, étais-tu déjà considéré comme un subversif dans le milieu du Judo ?

BA : Non, je ne faisais pas trop de bruit, mais j'étais peut-être atypique pour eux. Je n'ai jamais voulu mettre ça en avant, mais c'est vrai que j'ai quand même été, comme l'avait écrit *L'Équipe* à l'époque, le premier homme de couleur à gagner un championnat de France de Judo. Je ne sais pas si ça a joué, mais peut-être, après tout. Qui sait ?

DK : À partir de cette non-sélection pour les JO, quel a été ton parcours jusqu'aux plates-formes MMA, jusqu'au Free Fight ?

BA : À part le Judo, j'ai toujours aimé les arts martiaux. Je me consacrais au Judo parce que j'en faisais à haut niveau, en équipe de France, mais je me suis toujours intéressé aux autres arts martiaux. Mon père étant professeur de Karaté, automatiquement, j'avais envie qu'il m'apprenne des notions de son sport, mais je manquais terriblement de temps. Après la déception des JO, une équipe de Ju-Jitsu s'est formée (en combat), même s'il n'y avait pas de championnat au niveau national. Après ma non-sélection, j'ai refait une saison en équipe de France où j'ai d'ailleurs terminé troisième au tournoi de Paris. J'étais le meilleur classé de la catégorie et j'ai tiré ma révérence aux compétitions individuelles. J'ai signé la même année au club du PSG, qui avait été monté par Thierry Rey après les JO de Barcelone justement, avec pour objectif de décrocher une coupe d'Europe des clubs en 4 ans. C'était mon nouvel objectif sportif au niveau du Judo et, parallèlement, j'ai intégré l'équipe de France de Ju-Jitsu pour préparer mes premiers championnats du monde en 1994.

DK : Et ensuite ?

BA : En 1994, j'ai gagné les championnats du monde de Ju-Jitsu *fighting system*. J'ai gagné très facilement d'ailleurs. La plupart de mes adversaires n'avaient pas le niveau que j'avais en Judo. Et le règlement de Ju-Jitsu, à l'époque, était basé sur les coups de pied, les coups de poing, les projections et le sol. En coups de pied, coups de poing, je me débrouillais bien, donc je ne prenais pas de points de retard par rapport à mes adversaires qui étaient meilleurs que moi dans ce secteur. En revanche, dès que je les saisissais, ils n'avaient aucun moyen de rester debout. La différence de niveau était trop importante entre eux et moi dans le secteur des projections. Ils me voyaient un peu comme un extra-terrestre, ce qui était d'ailleurs assez marrant.

DK : Qu'est-ce qui a déclenché ton envie de te diriger vers le MMA ?

BA : À ce moment-là, je n'en éprouvais pas encore le désir. L'envie et la curiosité se sont éveillées en 1994. Dans ma catégorie, il y avait un certain Vallid Ismail, grand combattant brésilien. La première curiosité, c'était d'ailleurs que toute son équipe portait des T-shirts estampillés « Vallid Ismail ». Il avait l'air d'être la star de l'équipe. En fait, le détail amusant, c'est qu'il était dans ma catégorie, qui plus est dans mon quart de tableau. J'ai passé un tour, grâce au tirage au sort, pendant que lui rencontrait un Allemand. Je devais donc combattre pour le tour suivant, le vainqueur de ce combat. Malheureusement Vallid a perdu face à cet Allemand que j'ai ensuite battu ainsi que tous les adversaires suivants. Ismaïl est venu me voir à la fin de la compétition pour me féliciter et pour me dire que je devrais venir au Brésil pour y combattre. Il disait être un champion de *Valetudo* et que, de retour au Brésil, il me ferait appeler par son impresario pour que nous fassions un combat ensemble. Je ne l'avais pas pris au sérieux parce que c'était la première fois que j'entendais parler de *Valetudo*, de Free Fight et de combat sans règles. L'avenir a montré qu'en fait, j'entendais déjà parler de ce qui est aujourd'hui l'art martial ou le sport de combat le plus populaire au monde.

Ensuite, j'ai continué avec le Ju-Jitsu « combat » jusqu'en 1998. J'ai eu à nouveau 3 titres de champion du monde. En individuel, 1994, 1996 et 1998. J'ai également remporté le championnat d'Europe en 1997, et les jeux Mondiaux la même année. je suis resté 4 ans sans subir la moindre défaite en championnat officiel. Je me suis retiré de la compétition à la suite de mon dernier titre pour entraîner l'équipe de France de Ju-Jitsu. J'ai arrêté cette mission en 2001.

DK : Et c'est là que ton destin prend forme.

BA : Voilà. Internet aidant, les compétitions se développant de plus en plus, le *Pride* commençant à faire parler de lui, les gens qui m'entouraient en parlaient systématiquement. C'est à ce moment-là que j'ai rencontré Serge Marches, l'éditeur de *FightSport* qui, à l'époque, distribuait les DVD du *Pride* en France. Nous sommes partis ensemble à Las Vegas pour l'*UFC* 46. Et là, il m'a dit : « Ce serait bien de faire un magazine. Tu n'aurais pas envie de t'en occuper, d'en être le rédacteur en chef ? » Voilà, on s'est tapé dans la main et 2 mois après notre retour des États-Unis, le numéro 1 était prêt. On y a travaillé comme des acharnés. Ça fait déjà 2 ans maintenant, et je pense qu'on est en passe de devenir le magazine de MMA le plus lu au monde.

DK : Aujourd'hui, qu'est-ce que *FightSport* représente en termes de tirage ?

BA : Nous tirons à peu près 45 000 exemplaires en France. Le magazine est traduit et publié en Italie et en Espagne. Nous avons également une version anglaise qui paraît dans à peu près 15 capitales qui distribuent de la presse internationale, et nous venons de sortir une version américaine pour les États-Unis.

DK : D'où vient ce désir originel de combattre ?

BA : Je crois que ça, on l'a en soi ou on ne l'a pas. Avant le désir de combattre, il y a toujours l'idée de vouloir avancer, progresser, d'être meilleur que les autres. Je crois que c'est un tempérament. Et, personnellement, quand je faisais quelque chose, n'importe quel jeu, je voulais toujours me mesurer et faire mieux que mon voisin. Je me suis exprimé dans les arts martiaux, mais j'ai aussi fait de l'athlétisme, juste avant de rentrer en sport-études. Et, quel que soit le sport, j'avais le même tempérament. Je faisais du lancer de javelot et du sprint, et j'avais la même envie de dominer tout le monde et de progresser pour être toujours meilleur. C'est plus un état d'esprit qui s'est traduit dans les arts martiaux.

DK : Sais-tu aujourd'hui d'où vient ta force, mentalement ?

BA : C'est un tout, je pense.

DK : Ton père ?

BA : Oui, forcément mon père… Les rencontres, ce que je vis. Quand je fais quelque chose, j'ai toujours envie de gagner. Je suis un combattant dans l'âme. Tout ça vient forcément de ton éducation, de ton vécu, de tes succès, mais aussi de tes échecs. L'ensemble du parcours de chacun détermine ce qu'il est et conditionne ce qu'il va devenir.

DK : À l'école, tu étais plutôt du genre à « casser la gueule » aux copains, à la récré ?

BA : Non, pas du tout, je suis très pacifique. Je suis plutôt le genre de personne qui n'aime pas voir des gens se battre et fait toujours en sorte d'optimiser les ententes autour de moi. Je ne sais pas si c'est paradoxal, moi je ne trouve pas. Je sais que certains le pensent. Je ne crois pas que le fait de pratiquer un sport de combat ou un art martial soit synonyme de tempérament bagarreur. C'est juste une manière de s'exprimer et de s'affirmer en tant que personne. Il faut savoir aller au fond des choses et ne pas observer seulement ce qui se passe en surface.

DK : As-tu eu un combattant pour modèle, quand tu as commencé à t'entraîner, à combattre ?

BA : Quand j'étais Judoka, je voulais ressembler, dans l'attitude, à Angelo Parisi. C'est quelqu'un qui est devenu un ami maintenant depuis plusieurs années.

DK : Le champion olympique ?

BA : Oui, c'est le Judoka français le plus médaillé aux JO. Il a eu 4 médailles olympiques, dont un titre à Moscou en 1980. Je voulais lui ressembler dans la forme de corps, dans sa manière de pratiquer le Judo. Sinon, je n'ai pas vraiment eu de modèle. C'est la seule personne dont je me souvienne à qui j'ai voulu ressembler quand j'étais jeune. Ensuite, il y a beaucoup de gens que j'admire pour ce qu'ils ont réalisé en tant qu'individus. Il y a bien sûr Cassius Clay-Mohammed Ali. Il a un caractère hors du commun, a su s'exprimer et s'imposer dans une période où il était quasiment impossible pour un Noir de le faire. Mais je ne suis pas forcément inspiré par des combattants. J'ai beaucoup d'autres centres d'intérêt dans la vie. Je trouve que quelqu'un comme Nelson Mandela a un parcours assez exceptionnel, inimaginable même. Le révérend Martin Luther King, le Mahatma Ghandi. Ce sont des gens comme ça qui m'inspirent. Leur paroles sont source de stimulation et de motivation. Ce qu'ils ont accompli donne des ailes pour aller chercher l'inaccessible.

DK : L'inaccesible ? Comme être le premier tricolore à gagner sur le ring du *Pride* ?

BA : En effet.

DK : Est-ce que tu peux, ou est-ce que tu as envie de nous parler de la participation du premier Français au *Pride*?

BA : Oui, il s'agit de Gilles Arsène. Je crois qu'au départ, c'est parti d'une plaisanterie. Il accompagnait souvent Jérôme Le Banner dans ses combats, et participait aux conférences de presse. Les Japonais, lors d'une conférence de presse, posent la question ouverte, à savoir qui voudrait affronter Kazushi Sakuraba, alors quasiment indétrônable. Jérôme lance en souriant : « Le gars à côté de moi, c'est mon prof de Jiu-Jitsu brésilien, lui, il voudrait bien. » Les caméras et les micros se tournent vers lui, la notoriété de Jérôme aidant, le combat est lancé. Arsène était un combattant honorable, mais il n'avait pas le niveau pour affronter Sakuraba. À mon avis, il ne s'est pas préparé comme il aurait dû le faire. On ne combat pas au *Pride* sur un coup de tête. La pression est énorme. Il a été un peu dépassé par les événements, et, au final, il a fait un combat qu'il essaie aujourd'hui d'oublier… Il est le premier à dire qu'il a fait n'importe quoi. J'ai entendu un maximum de gens le critiquer, mais la moitié de ceux-là auraient « pété une durit » avant même d'arriver sur le ring.

DK : Ce combat a-t-il eu des conséquences en termes de carrière pour lui ?

BA : Sur le plan personnel, je pense qu'il a eu du mal à retrouver de la crédibilité. Mais cela concerne son parcours personnel, je n'ai pas envie d'entrer dans les détails. C'est quelqu'un que je respecte. C'est un précurseur du Jiu-Jitsu brésilien en France et en MMA.

DK : Pour en revenir à toi, quels sont les événements qui t'amènent à signer au *Pride* ?

BA : Par le biais de *Fightsport*, nous sommes en relation étroite avec *Dream Stage Entertainment* et ses responsables. Sotaro Shinoda, l'un des vice-présidents, décide pendant son passage à Paris et à la rédaction, d'assister à des entraînements dans quelques clubs pour regarder un peu le niveau des Français. À l'époque, je voulais lui présenter mon élève Boris Jonstomp pour savoir ce qu'il en pensait, et s'il avait éventuellement un profil intéressant pour le *Pride*. Pendant les entraînements, je n'ai pas pour habitude de simplement donner un cours, je travaille avec les élèves, c'est pour ça que je garde la forme (*sourire*). À la fin du cours, je vais voir Shinodasan et lui demande s'il a suivi Boris. Il me répond que Boris peut être intéressant s'il continue à progresser, mais que moi, je l'intéresse. Sur le moment, je rigole en disant que j'allais avoir 38 ans, que j'avais arrêté la compétition depuis 6 ans, que mon heure était passée. Il insiste, veut sérieusement que je combatte au *Pride*. Dans ma tête, c'est impossible, 2 ans plus tôt j'aurais peut-être été tenté, mais là, c'est clairement terminé. Je lui fait bien comprendre que le *Pride* aurait été mon rêve, mais que jamais je ne combattrai au *Pride* sans effectuer une vraie préparation. Il insiste toujours : « Admettons qu'on te fasse une proposition, combien de temps te faudrait-il pour te préparer ? » Je ne savais pas trop, 3 ou 4 mois sûrement. Finalement, la soirée passe, on va manger, il continue à plaisanter dessus. En fait, une semaine après son retour au Japon, je reçois un mail du *Pride* me disant : « On te propose de rencontrer telle personne pour telle bourse, dans un délai de 3 mois. » C'était donc un mail officiel et je commence à me rendre compte que c'est sérieux. J'ai répondu avec un délai d'une journée parce que j'avais besoin d'y réfléchir. J'ai beaucoup réfléchi, je n'ai pas dormi de la nuit, en ai parlé aux gens en qui j'ai confiance pour leur demander conseil, et connaître leur avis. Quand je dis les « gens », c'est surtout l'avis de mon père qui comptait le plus. Il m'a dit : « Mon fils

Bertrand, vas-y et gagne. » Le lendemain, je me suis réveillé en étant un homme qui allait se préparer pour combattre au *Pride*. J'étais un homme neuf.

DK : C'était quand précisément ?

BA : Le 18 février 2004.

DK : En fait, c'est ton père qui détermine ta décision ?

BA : Oui, s'il m'avait dit non, je ne l'aurais pas fait. C'est lui qui a allumé la mèche. J'avais 3 mois pour me préparer. La question que je me posais était de savoir si je pouvais revenir à un niveau physique me permettant de combattre dans une épreuve de ce niveau. Je crois que la réponse à cette question était plus importante que la victoire. J'avais un défi à relever. Retrouver une forme olympique, dans le vrai sens du terme. Je me suis infligé des souffrances physiques pour essayer d'être le plus fort durant des années. Après 6 années d'interruption, il fallait recommencer. Je prends cette offre de combat comme une bénédiction. Alors je fonce.

DK : La préparation, c'est évidemment la souffrance.

BA : La préparation, c'est l'ultime souffrance. Dans ma conception des choses, l'entraînement doit être dur au point de faire passer le combat pour une partie de plaisir. Il faut se dire qu'on se prépare pendant plusieurs mois pour quelques minutes, voire quelques secondes de combat. Alors, il ne faut pas se louper.

DK : Dans le reportage réalisé sur toi à la télévision, qu'entendais-tu par le fait « d'être en forme » ?

BA : Quand je me prépare, je sais ce que je fais, je m'entraîne si dur que je me dis que mon adversaire ne peut pas endurer ce que j'endure. C'était bien entendu le cas pour ma préparation au *Pride*. C'est un conditionnement. Une façon de se gonfler à bloc. Pendant un combat, vous passez par tout un tas d'interrogations et une phase de doute qui vous submergent, quand vous rencontrez des moments de difficulté. Il y a cette voix qui dit « je suis fatigué », « il est super fort quand même », « finalement ce n'est pas grave si je perds », « de toute façon, je n'ai pas bien récupéré du décalage horaire », etc. Vous vous trouvez tout un tas d'excuses pour justifier la défaite qui n'est pas encore arrivée. Avoir fait ce qu'il faut et être en confiance fait que ces questions n'atteignent même pas votre cerveau. Si c'est le cas, c'est sous cette forme : « Si moi je suis fatigué avec ce que j'ai subi, lui, il va s'écrouler dans les secondes qui suivent. » Rien ne peut vous atteindre quand vous êtes dans cet état d'esprit. Il faut juste s'en donner les moyens.

DK : Le combat démarre-t-il le jour où tu commences l'entraînement ?

BA : Oui, tu y penses tous les jours, tu vis avec cette idée.

DK : Et à l'époque, te renseignes-tu sur ton adversaire ?

BA : Au départ, je devais combattre Ikuhisa Minowa et pendant 2 semaines, je me prépare pour cet adversaire. J'ai les DVD de ses combats et pas mal de documentation sur lui. Je me préparais en fonction de lui. Ensuite, mon adversaire a changé 1 fois, puis 2. À ce moment-là, je me suis dit qu'il ne fallait pas que je me prépare en fonction d'un combattant, mais par rapport à moi. Le plus important, c'était moi, et si j'étais en forme, je savais que j'étais prêt à rencontrer n'importe qui.

DK : Comment ont réagi tes collègues de *FightSport* quand ils ont appris que tu allais combattre sur le ring du *Pride* ?

BA : Ils trouvaient ça génial. Je suis rédacteur en chef du magazine et je vais combattre au *Pride*. Comment pouvaient-ils réagir autrement ?

DK : Et ton entourage ?

BA : La plupart des gens me prenaient pour un fou. Quand je l'ai appris à certains de mes anciens camarades de l'INSEP, ils m'ont tous dit : « Tu es malade Bertrand, à ton âge (38 ans), tu vas te faire casser la gueule, tu vas te blesser. » Presque tout le monde a essayé de me dissuader. Je le racontais parce que j'avais besoin de soutien. J'avais envie qu'on me dise que j'allais assurer. C'était un petit peu dur de voir que personne ne croyait en mon défi. J'avais plutôt besoin que les gens me disent : « Tu as raison, fais-le, ça va te faire du bien. Si t'as envie de le faire, c'est bien pour toi, alors fais-le. »

DK : Cela t'a-t-il fait hésiter ?

BA : Pas vraiment. Ils m'ont tous demandé après quoi je courais. C'était surtout mon âge qui leur posait problème.

DK : Toi, physiquement, sentais-tu le poids des années ?

BA : Pas du tout. J'ai eu la chance de ne jamais me blesser tout au long de ma carrière. La seule fois où je me suis vraiment blessé, c'était il y a 6 mois, une rupture du tendon d'Achille en jouant au squash (*rires*). Les gens n'ont pas à l'esprit le fait que je ne me suis jamais blessé… Quand les gens réagissent de cette façon, ils disent se mettre à ta place, mais ils se mettent à ta place avec leur vécu à eux. Personne ne s'est mis à ma place en intégrant mon vécu.

DK : Et quand tes amis te disent : « N'y vas pas, tu es trop vieux », quel impact cela a-t-il eu sur toi ?

BA : Ça me déçoit, mais je ne le montre pas. J'essaie d'expliquer pourquoi je le fais, mais comme ils ne le comprennent pas, alors je passe à autre chose. Je ne vais pas essayer de les convaincre parce que moi, de toute façon, je suis en train de me préparer et je suis décidé. Ça n'a jamais ébréché ma motivation.

DK : Et la nouvelle va-t-elle jusqu'aux oreilles de la fédération de Judo ?

BA : Oui, c'est moi qui le leur dit.

DK : Et quelle a été leur réaction ?

BA : La même que celle que je viens de te décrire !

DK : Quand commences-tu ton entraînement et comment se passe une journée de Bertrand Amoussou se dirigeant droit vers « l'Enfer » ?

BA : Avant de commencer la préparation en elle-même, j'ai pris 3 semaines de remise à niveau physique. Tous les matins, je me levais, j'allais courir.

DK : Et remise à niveau mentale également ?

BA : Surtout mentale. Je me mettais dans la peau de quelqu'un qui allait combattre, je me conditionnais pour souffrir et pour avoir mal. Je savais qu'à l'entraînement, j'allais souffrir énormément et il fallait que je me remette dans cet état d'esprit. Il fallait que je sorte de mon rôle de professeur et que je me mette dans celui d'un athlète de haut niveau, que je revienne 10 ans en arrière, quand j'étais interne à l'INSEP et que ma vie, c'était de m'entraîner pour être champion du monde. Je me remettais dans cet état d'esprit-là.

DK : T'étais-tu déjà entraîné plus dur ?

BA : Oui. C'est comme ça que je me suis toujours entraîné.

DK : Mais tu te sentais mentalement plus fort qu'avant, plus déterminé ?

BA : Mentalement plus fort parce que j'avais plus d'expérience, grâce à toutes ces années et grâce au recul. Quand je combattais en Judo, j'avais le couteau sous la gorge à chaque fois. On me mettait la pression et malheureusement ça altérait mes performances. De plus mes entraînements n'étaient pas adaptés à mes capacités naturelles. Je m'explique. J'ai toujours été quelqu'un de très explosif, je courais le 100 mètres en 11 secondes et le 200 mètres en 22,4 secondes à l'âge de 15 ans, et je lançais le javelot (800 g) à 54,95 m. L'entraînement intensif quotidien à l'INSEP altérait mes capacités intrinsèques et j'avais souvent des contractures musculaires ou des microdéchirures de ce fait. Je n'ai fait cette analyse qu'après toutes ces années d'entraînement. Je me suis souvent entendu dire : « Tu es trop souvent blessé. » Jamais personne n'a cherché à comprendre l'origine de ces blessures qui n'étaient pas importantes, mais suffisamment pour réduire la performance ou dégrader la confiance. Je n'ai jamais été aussi fort qu'après un repos forcé. Cela dit, je m'entraînais de la même façon que tous mes camarades de l'équipe de France en me disant que j'étais finalement plus fragile que les autres. Je ne me suis jamais senti soutenu par mes entraîneurs au sein de l'équipe de France de Judo. Jamais.

DK : As-tu des explications à cela ?

BA : Je n'ai pas envie d'en donner. C'était comme ça. Bien sûr que j'en ai, mais je n'ai pas envie de rentrer dans des détails qui seraient pris pour des accusations. De toute façon, on ne pourrait jamais vérifier qui a tort et qui a raison.

DK : D'une certaine façon, cette proposition du *Pride* apparaît comme une véritable revanche ?

BA : Non, ce n'est pas une revanche parce que ça ne remplacera pas les jeux Olympiques. Pour moi, accepter ce combat était capital parce que ça faisait partie de la nouvelle vie que je démarrais. Cela me permettait aussi de gagner en crédibilité au niveau professionnel. C'était important que je le fasse et que je le fasse bien. Il y avait le côté sportif, bien sûr, parce que je suis un combattant avant tout, mais il y avait également le côté professionnel. Même s'il était vraiment en dessous de l'aspect sportif, il était d'une importance capitale.

DK : Durant ces 3 semaines de préparation mentale et de remise à niveau physique, tu as dit que tu courais. Que faisais-tu d'autre ?

BA : Oui, je courais le matin. Je m'entraînais plus qu'à l'accoutumée. Quand je donne des cours, je m'entraîne, mais beaucoup moins que lorsque je m'entraîne seul. Après ma réponse au *Pride*, j'ai pris mes élèves à part et je leur ai expliqué le rôle qu'ils allaient jouer. Ils étaient tous ravis. La plupart ont profité de ma préparation. D'ailleurs, Boris a été un des mes sparrings et moi aussi par la même occasion, parce qu'il se préparait pour combattre au *Jungle Fight* à la même période.

DK : À ce moment-là, tu travailles toujours pour *FightSport*. Comment se déroulaient tes journées ?

BA : Je faisais un mi-temps pour *FightSport*, je m'étais entendu avec la direction. Je m'entraînais le matin : préparation physique ou tapis, mais surtout préparation physique. Des intervalles-training en course, intervalles-training en musculation, du sparring, du pao, 2 heures d'entraînement intensif le matin. Ensuite j'allais déjeuner. À 14 heures j'étais au bureau, et je m'entraînais le soir. Je faisais 4 à 5 heures d'entraînement par jour.

DK : Avec qui t'entraînais-tu principalement ?

BA : Avec Boris, il a été mon principal partenaire.

DK : Même le matin ?

BA : Oui, même le matin. Boris a suivi la même préparation que moi. Il y avait d'autres Judokas du club de Créteil avec nous parce que notre préparateur physique entraînait des Judokas, donc il profitait de notre entraînement pour s'occuper de tout le monde.

DK : Peux-tu nous détailler ces entraînements ?

BA : C'était des intervalles-training, donc à base de courses, de montées de marches, de côtes. C'étaient surtout des enchaînements d'exercices calés par rapport à l'effort que j'allais devoir fournir pendant le combat.

DK : Techniquement, ton combat s'est passé debout. As-tu plus travaillé le pied-poing ou le sol ?

BA : J'ai travaillé les deux parce que je n'allais pas progresser techniquement en 3 mois. Le plus important, c'était que je retrouve un niveau physique. J'étais assez confiant, même très confiant, dans mes qualités techniques au sol, en projection et en pied-poing, pour ne pas avoir à passer mon temps à travailler la technique. Bien sûr, les bases ont été un peu retravaillées, mais la priorité était la condition physique. Dans mon esprit, si physiquement je suis prêt, je sais que je peux endurer 3 rounds de 5 minutes ou un round de 10 minutes et 2 rounds de 5 minutes.

DK : À quel moment de ta préparation as-tu connu le nom de ton adversaire ?

BA : 10 ou 15 jours avant le combat.

DK : L'as-tu étudié de près ?

BA : Non, j'étais parti pour ne plus rien étudier. Je savais juste qu'il avait fait un combat dans une organisation japonaise et qu'il avait gagné en 35 secondes par KO, mais il n'y avait pas de vidéo. Je savais que c'était un puncher et qu'il devait frapper fort. Mais c'était juste à titre indicatif pour moi, ça n'avait aucune autre valeur. Je sentais que, le jour J, je serais prêt, et c'était le plus important. La préparation s'était bien passée. Ma plus grande peur était de me blesser lors de cette phase primordiale et de devoir supprimer des jours d'entraînement afin de me soigner. Mais ça n'est pas arrivé. Tout s'est très bien passé, j'étais vraiment en grande confiance.

DK : Quelles sont les idées qui te sont passées par la tête pendant ces 3 mois ? Quels ont été les réacteurs émotionnels qui t'ont rendu plus fort ?

BA : Je revis, je me refais une santé, je me refais un corps. Je me suis vu me transformer et me suis senti de mieux en mieux. Plus ça allait et plus je savais que mon combat se passerait bien, quel que soit l'adversaire. J'ai combattu tellement longtemps sur tous les tatamis du monde que je ne me posais plus de questions. J'avais le recul de l'entraîneur expert qui va combattre tout en étant dans la forme d'un compétiteur de haut niveau.

DK : As-tu conscience, à ce moment-là, que tu vas monter sur le ring du futur, une plate-forme qui est celle de l'avenir des arts martiaux ?

BA : Oui, je le sais. J'ai la pleine mesure de ce qui m'attend. J'ai participé à des tournois dans le monde entier et j'ai bien conscience d'arriver dans la plus grosse organisation du monde en termes de sport de combat. C'est pour cela que j'en étais à faire souffrir mon corps, qui ne comprenait pas ce qui lui arrivait (*sourire*). Mais je n'étais pas impressionné, parce que même si c'était le *Pride*, j'ai l'habitude de combattre face à un public nombreux. J'étais vraiment serein.

DK : Combien de temps avant le combat arrives-tu au Japon ?

BA : Quatre jours avant.

DK : Raconte-nous comment ça se passe ?

BA : C'est de la folie… Tout est très bien organisé, on est logé dans un hôtel magnifique, tout est fait pour toi. J'avais l'habitude des compétitions de Judo où 300 personnes commencent le tournoi le matin sur 4 surfaces de tapis, pour finir le soir avec 2 finalistes dans 7 catégories. C'est une discipline où il n'y a pas trop de place pour l'individu, tu es un peu noyé dans la masse. Pour le *Pride*, il y a 8 ou 9 combats, donc 16 à 18 combattants, et chaque athlète est la vedette. C'est très stimulant et très gratifiant. Tu te sens important. La préparation trouve sa justification. Il faut mériter tous ces égards. Je me sentais également privilégié et pensais à tous ceux qui auraient aimé être à ma place. C'est une force supplémentaire.

DK : Où t'es-tu entraîné pendant ces 4 jours ?

BA : Je me suis entraîné 2 fois. Une fois dans le dojo officiel du *Pride*, le lendemain de mon arrivée, et l'avant-veille du *Pride* je me suis entraîné dans une salle mise à disposition dans l'hôtel, où on pouvait réserver des créneaux horaires. J'ai confirmé mon état de forme, surtout pendant le premier entraînement parce qu'avec le décalage horaire et l'avion, il fallait se mettre tout de suite en jambes. Je me suis entraîné à l'heure de mon combat. C'était important pour moi de voir que, dans ces horaires-là, j'étais capable de fournir un effort sans être trop fatigué par le décalage horaire.

DK : Dans quel état d'esprit étais-tu la veille de ton combat ?

BA : Mis à part un moment de pression pendant l'arrivée vers le ring, après l'ouverture du rideau, j'étais très zen, tout le temps, je plaisantais, je n'avais pas l'impression que j'allais combattre. Une anecdote au sujet de ce voyage : je raconte que je me suis fait mal à la main à cause d'un mauvais coup, et que si je n'avais pas eu cette blessure, j'aurais eu l'impression de rentrer d'un séjour linguistique (*rires*).

DK : On sent une magie voler en toi quand tu en parles.

BA : Oui, c'était magique, tout était parfait.

DK : Raconte-nous ton arrivée au vestiaire.

BA : C'était au Yokohama Arena. C'est immense, une arène, comme un stade de foot, mais fermé. Dès que tu rentres, tout est hallucinant. Chaque combattant a son petit vestiaire ou sa zone qui lui est réservée avec son coin. Moi, j'ai l'habitude de m'échauffer longuement, alors que la plupart des autres le font au dernier moment. Je faisais le premier combat de la soirée, à 17 heures donc il fallait être prêt tout de suite. Dès mon arrivée au stade, j'ai commencé à m'échauffer pendant 2 heures. Les autres combattants me regardaient avec les yeux ronds, ils ne comprenaient pas que je puisse m'entraîner autant. Un gars de clan de Ryan Gracie est venu me voir après le combat et m'a dit : « Félicitations pour ton combat, mais franchement, tu nous as fait peur, on t'a vu t'échauffer avant et on s'est demandé ce qui allait te rester comme énergie pendant le combat si tu dépensais tout avant ! » Mais j'ai toujours fonctionné comme ça. Tu connais l'état de ta condition physique par ta capacité à pouvoir récupérer après l'effort. Mon échauffement est pour moi un premier combat. Si j'ai des réglages à faire, c'est pendant cette période qu'ils se font. Tout est passé au crible. Quand je monte sur le ring pour commencer mon combat, dans ma tête, j'ai déjà fait mon combat d'ajustement. Je ne me pose plus de question à ce niveau. C'est ce qui me permet de me régler pour commencer la compétition. Je ne peux pas arriver avec un échauffement moyen ou sans échauffement. Je ne peux pas arriver à un combat en me demandant si je suis bien en jambes ou pas. Je le sais avant, pendant l'échauffement.

DK : Tu as l'impression de faire un combat pendant l'échauffement dans ta tête ou dans ton corps ?

BA : Dans mon corps, au niveau cardio.

DK : Au début de la soirée, tu es présenté au public avec tous les autres combattants. Que ressens-tu ?

BA : Non, comme je fais le premier combat, je ne suis pas dans la présentation générale. J'arrive dans l'arène juste au moment de mon combat. Et là, c'est énorme. Je dis c'est énorme parce que je sais que c'est énorme, mais à ce moment-là je suis dans ma bulle, je n'ai qu'une chose en tête : mon combat.

DK : Quelles sont les images que tu as à l'esprit ?

BA : Il n'y a pas d'images. Sincèrement, je ne m'en rappelle pas. Je suis concentré, j'entends du bruit, c'est blindé, ça applaudit, il y a de la musique et, dans ma tête, c'est : « OK, c'est la guerre, c'est parti. »

DK : Tu ne gardes donc pas de souvenirs précis de ce moment ?

BA : Non, je n'ai pas de souvenirs précis. Quand tu te prépares, comme ça a été mon cas, pendant 3 mois pour un événement, quand tu y es, ça te tombe dessus sans que tu comprennes vraiment ce qui se passe. Tout va très vite. Je n'ai pensé ni à mes parents, ni à personne d'autre. À ce moment-là, je ne pense à rien, c'est le vide total, je suis concentré et je prends l'énergie de la salle. Je suis dans mon combat. Je me gonfle d'énergie pour tout balancer sur le ring.

DK : Et quand tu es face à ton adversaire, « Raou », quand l'arbitre énonce les règles ?

BA : Là, je suis bien, je suis au top.

DK : Tu n'as pas peur de lui ?

BA : Non, pas du tout, je suis bien, c'est comme si j'étais devant ma télé à regarder un bon Tex Avery. Je vois mon adversaire, je le regarde dans les yeux, l'arbitre énonce les règles et j'ai un sourire qui veut dire : « Toi, si tu savais par quoi je suis passé, tu ne serais pas devant moi. Là, tu serais en train de partir en courant. Ça va être chaud pour toi. J'espère que tu es prêt parce que moi, je le suis ! » (*rires*). Quand je le regarde, si des mots étaient sortis de ma bouche, ceux-ci me semblent fidèles à mes pensées.

DK : Tu es complètement relâché ?

BA : Je suis super relâché. C'est le début de la fête.

DK : Ton combat se passe majoritairement, voire quasi-exclusivement, debout. Beaucoup de commentateurs se sont demandé pourquoi tu ne l'avais pas mis au sol, toi, 3 fois champion du monde de Ju-Jitsu ?

BA : Je ne l'ai pas mis au sol parce que c'était trop évident, je suis Judoka. J'affichais que j'étais Judoka, et j'ai d'ailleurs fait mon arrivée en kimono. C'était également un plan tactique. Je savais qu'il avait gagné son premier combat par KO. Cela signifiait qu'il avait confiance en ses coups. Moi, j'avais été présenté comme un champion français de Judo par la presse japonaise, donc il pensait sûrement que je ne savais pas boxer et que j'allais essayer d'éviter ses coups et de l'amener au sol. Mais j'avais aussi confiance en mes percussions, donc si je le prenais à son propre jeu, je le déstabilisais complètement. C'est ce que je me suis amusé à faire. J'avais envie de gagner par KO. Je ne l'avais jamais fait. Utiliser les techniques du Judo, c'était une stratégie trop linéaire.

DK : Tu t'étais fixé un double défi ?

BA : Oui, je voulais gagner par KO, je voulais connaître cette sensation. Une clé, un étranglement, ça, je sais faire, c'est ce que je fais tous les jours.

DK : Avant de vivre le combat, l'avais-tu déjà vécu mentalement ? Le combat s'est-il passé exactement comme tu l'avais imaginé ?

BA : J'ai fait le combat dix mille fois dans ma tête et, à chaque fois, c'était un KO. Le seul paramètre que je ne maîtrisais pas, c'était le temps, en combien de temps il allait tomber. Sinon c'était exactement ça.

DK : D'où l'importance de la préparation mentale ?

BA : Oui, c'est ce qu'il y a de plus important. Pour moi, ça fait 70 % de la performance.

DK : Ton entraînement se termine au moment où ton adversaire est à terre et où le gong retentit ?

BA : Oui, c'est ça. Quand l'arbitre arrête le combat, je martèle mon adversaire de coups, il est en train de tomber. Et la première chose qui me vient à l'esprit, ce n'est pas du tout la joie, c'est : « Voilà, c'est terminé. »

DK : Les 3 mois sont terminés ?

BA : Voilà, je me suis préparé pour ça et c'est fait. Et c'est marrant parce que certaines personne l'ont remarqué. Kasushi Sakuraba faisait les commentaires de mon combat pour la télé japonaise et je me suis fait traduire ses propos. Il a dit : « Ce Français, on dirait qu'il est venu pour fait un boulot et qu'il l'a accompli ; il n'exprime rien de plus. » Je n'ai aucune expression de joie, dans ma tête, c'est juste terminé. Je me tourne vers la foule, je tends le bras pour dire : « Voilà, j'étais venu pour faire ça, et je l'ai fait. »

DK : Tu es comme vissé à la concrétisation de ton objectif, sorte de combattant-machine, programmé pour gagner.

BA : À ce moment-là, je suis une machine. Après tout ce que j'avais fait pour en arriver là, dans mon esprit, les choses ne pouvaient pas se passer autrement.

DK : Et quand le combat s'achève, qu'est-ce que tu ressens, quand tu retournes dans ton vestiaire ?

BA : Là, je repense à tout ce que j'ai fait, par où je suis passé. Toutes les émotions me submergent après le vide du ring. Bien sûr, je pense à mon père, à ma mère, qui est là-haut et qui a dû être fière de son garçon. Tout remonte à la surface. C'est fini, je peux me détendre. La rage laisse place à l'émotion.

DK : Après, as-tu assisté au *Pride* ou es-tu resté dans ton vestiaire ?

BA : Je suis resté quelques temps dans le vestiaire, mais j'ai quand même essayé d'aller voir quelques combats. Tout se passe tranquillement.

DK : Tu retournes en France le lendemain ?

BA : Je passe la soirée là-bas, avec Tony Valence et Benoît Magimel, qui, en tournée au Japon avec Jean Reno pour la sortie du film *Les Rivières pourpres 2*, est venu voir le combat. On a passé la soirée et la nuit à discuter dans sa chambre d'hôtel. On est effectivement repartis le lendemain.

DK : Comment s'est passée ton arrivée à Paris ?

BA : Quand j'arrive à Paris, je suis attendu par mes élèves, mon père, mon frère Karl, et Boris, qui lui a combattu une semaine avant en Amazonie. J'avais eu le résultat de son combat juste avant de partir, il avait gagné. Donc il m'attendait aussi à l'aéroport. Plein de gens m'attendaient à mon arrivée. J'étais très fier. C'était tout un symbole, j'étais le premier Français à avoir gagné au *Pride*.

DK : Tu penses aussi au caractère historique de cette victoire ?

BA : Oui, j'y pense. J'aime ce côté précurseur. Se dire que personne ne l'a fait avant, peu importe l'acte.

DK : Cette victoire te permet de gagner en légitimité par rapport à *FightSport*. Tu n'es plus uniquement un commentateur de Free Fight...

BA : Si je n'avais pas fait le *Pride*, tout le monde aurait pu dire : « Il est champion de Judo, il a été champion du monde de Ju-Jitsu, mais il n'a jamais fait le *Pride* ou une autre compétition majeure. Pourquoi joue-t-il au spécialiste ? » Certains le disent d'ailleurs. Quoi que tu fasses, tu trouveras toujours des gens pour te critiquer. Je pense que, qui que tu sois, tu mérites le respect.

Plus spécialement quand tu te donnes les moyens d'arriver à un résultat, quel qu'il soit.

DK : As-tu envie de continuer au *Pride* à ce moment-là ?

BA : Oui. Les organisateurs avaient prévu 4 combats pour moi. L'idée était que je rencontre Hidehiko Yoshida pour le quatrième combat. Ils savaient que je n'avais pas fait les Jeux. Les commentateurs ont même évoqué pendant mon combat que j'étais dans l'équipe olympique pour Barcelone, mais que je n'avais pas combattu. Or, le titre olympique, en 1992, est remporté par Yoshida. Le combat que j'attendais était effectivement celui-là, le champion olympique. J'estime que j'aurais dû faire les Jeux. Je suis sûr que j'aurais eu une médaille, je ne sais pas de quel métal, mais je l'aurais eue. Les Japonais adorent les histoires, donc c'était intéressant pour eux. Mais cela ne s'est malheureusement pas fait. On m'a proposé des combattants qui n'ont pas voulu me rencontrer parce que je pense que je ne devais pas être un adversaire suffisamment intéressant pour leur évolution. Et le temps a passé. Aujourd'hui, j'ai tourné la page.

DK : Quel âge a Yoshida ?

BA : Il a 3 ans de moins que moi.

DK : Aujourd'hui, ta carrière est-elle vraiment terminée ? N'as-tu pas envie de continuer ?

BA : C'est terminé. Il faut quand même savoir s'arrêter. On ne peut pas toujours courir après la gloire, la reconnaissance, les performances, ou quelque chose du genre... Je trouve que ce que j'ai fait est déjà extraordinaire au niveau de la longévité.

DK : Tu parles de longévité, mais quel est l'âge idéal pour commencer les arts martiaux ?

BA : Je ne pense pas qu'il y ait d'âge idéal. Ça dépend de chacun et de son évolution personnelle. Personne n'est logé à la même enseigne. Pour ma part, j'ai commencé à l'âge de 10 ans, mais je connais beaucoup de gens qui ont commencé à 6 ans, et d'autres qui ont débuté un peu plus tard. Tout dépend aussi des personnes, des professeurs surtout, qu'on rencontre sur son chemin, qui vous font évoluer plus ou moins vite, ainsi que de vos capacité à assimiler.

DK : Et y a-t-il un âge limite où l'espoir de devenir un grand professionnel et d'avoir une carrière s'efface ?

BA : Oui, c'est certain, parce que le haut niveau correspond à une tranche d'âge où on atteint un cap de maturité physique. Il est donc clair que quelqu'un qui commence les arts martiaux à 25 ans ne fera pas de carrière. Je trouve que 10 ans est un bon âge, disons entre 8 et 10 ans. Avant, c'est de l'éveil pour les enfants. C'est bien, mais pour vraiment rentrer dans le vif du sujet, entre 8 ans et 10 ans, on est jeune et on commence à comprendre ce que le prof veut montrer.

DK : Toujours dans la cadre d'une carrière en MMA, quelle est pour toi la discipline idéale pour démarrer ?

BA : Je ne peux pas répondre en termes de discipline parce que je ne sais pas s'il y a une discipline idéale. En revanche, il y a des sports qui sont plus difficiles et des techniques plus longues à acquérir que d'autres. Le principe de *Grappling*, de saisie-projection et de travail au sol, est beaucoup plus long à acquérir que celui de percussions. Donc si on doit vraiment commencer par une discipline, dissociée par rapport à une autre, il vaut mieux faire une discipline telle que la Lutte ou le Judo, ou même directement le *Grappling*, si on a la chance de pouvoir le faire. Parce que, dans l'absolu, mettre un coup de poing, même si on le met mal, est à la portée de tout le monde. En revanche, faire tomber quelqu'un et lui faire une clé, ça demande un apprentissage beaucoup plus long.

DK : Et quelles sont pour toi la ou les disciplines à éviter en première jeunesse ?

BA : Pour moi, il n'y a pas de discipline à éviter. Toutes les disciplines sont saines. C'est l'enseignant qui fait en sorte que tout se passe dans les bonnes conditions.

DK : Est-ce qu'il existe selon toi des disciplines dont l'efficacité est mineure par rapport au MMA ?

BA : Oui, le Taekwondo, par exemple, n'apporte pas grand-chose pour le MMA. Idem pour le Karaté. Ce sont des sports qui s'éloignent de la pratique du MMA. En ce qui concerne le pied-poing, il vaut mieux commencer par le Kick-boxing ou la Boxe thaïlandaise, avec un complément de Boxe anglaise. Ou travailler, bien sûr, la Lutte et le Judo.

DK : Tu évoques le Karaté, pourtant de nombreux combattants sont issus du Karaté Kyokushinkai. Peux-tu nous en dire plus sur cette discipline ?

BA : Je parle bien sûr du Karaté Shotokan par exemple, pas du Kyokushinkai. Mais il n'y a pas tant de combattants de MMA que ça qui font du Kyokushinkai.

DK : Quelles sont les associations idéales pour un jeune enfant de 10 ans, dans un processus d'apprentissage ?

BA : Un gamin de 15 ans, il faut avant tout qu'il commence par une discipline qui lui plaise. Il ne doit pas se dire, à 15 ans, qu'il sera champion de MMA. La compétition, c'est quelque chose de très particulier. S'il a un professeur qui, en effet, veut le faire progresser et aller éventuellement vers le MMA, il peut associer Boxe thaïlandaise, Lutte, Judo et *Grappling* à sa discipline de base. Mais je ne pense pas qu'il faille prendre le MMA comme base de départ à cet âge. Il faut d'abord progresser, être fort dans une discipline, et ainsi de suite, mais ne surtout pas se dire : « Je vais être champion de MMA. » Aujourd'hui, le MMA est encore une activité jeune et, du fait des compétences des encadrements et des professeurs, la plupart des combattants viennent d'une discipline de prédilection et complètent leur savoir avec une, voire 2 ou 3 autres disciplines. Mais dans 10, 15 ou 20 ans, on ne sera plus dans ce système.

DK : C'est-à-dire ?

BA : Le MMA deviendra une discipline à part entière, on pourra commencer directement avec des gens qui sont passés par là et qui ont intégré dans leur encadrement le fait de pouvoir tout travailler en même temps.

DK : Ça voudra dire que, dans une quinzaine d'années, on pourra faire du MMA sans passer par une ou plusieurs autres disciplines ?

BA : Oui, ça se fait déjà mais, statistiquement, il y a très peu de personnes qui ont les compétences pour enseigner les coups de pied, coups de poing, projections et le sol. Tout le problème est là. Demain, ce ne sera plus le cas.

DK : Prenons un exemple. Derrière toi se démarque peu à peu ton petit frère, attentif, rigoureux, ambitieux et surentraîné. À tout juste 20 ans, il est déjà considéré par nombre d'observateurs comme le futur cyclone des rings de tous les continents. Sur les 4 adversaires qui l'ont croisé dans une cage, un seul parviendra à contenir l'ouragan plus de 30 secondes. Pourrais-tu nous parler de son parcours ?

BA : Karl a commencé très tôt par le Judo, à l'âge de 3 ans je crois. On était tous dans le Judo, et comme il nous accompagnait à chaque fois, il jouait sur le tatami. On lui a acheté un kimono et, finalement, il a commencé à prendre des cours. J'ai été son professeur, d'ailleurs, à cet âge-là. Et il n'a fait que du Judo jusqu'à il y a 3 ans, avec un assez bon niveau. Et quand j'ai commencé à développer le *Grappling* et le MMA il y a 3 ans au club, il a suivi le rythme. Au départ, ça a donc été davantage par imitation, il n'avait pas du tout prévu de passer au MMA. C'est quand même quelque chose qui est arrivé tardivement chez nous.

DK : Tu as été son modèle ?

BA : Oui, forcément. C'est un peu naturel. Quand tu es le frère de quelqu'un qui a été champion dans sa discipline et que tu fais la même chose, tu le prends pour modèle.

DK : Donc il s'entraîne dans ton club ?

BA: Oui bien sûr, c'est mon élève depuis toujours. Il a suivi toutes mes évolutions au niveau des entraînements. J'ai entraîné en Ju-Jitsu, et je me suis mis à entraîner en MMA et en *Grappling*. Le truc s'est fait naturellement. Bien sûr, il a voulu combattre, surtout à partir du moment où j'ai combattu au *Pride*. Il veut faire comme son grand frère, quoi de plus naturel ? Je crois que ce combat a déclenché quelque chose en lui et il a décidé qu'il voulait faire la même chose. Avec le temps, il a commencé plus sérieusement à vouloir faire des combats et donc à se préparer en fonction de cela. Quand il s'entraînait, il le faisait comme tout le monde, sans avoir un objectif immédiat. L'idée progresse une fois qu'on arrive à un certain niveau. C'est plutôt ça, ma philosophie : tu t'entraînes et, si tu es assez bon et que tu as cette vocation, alors tu iras peut-être au combat.

DK : C'est toi qui lui as appris les techniques pied-poing ?

BA : Oui, les premières bases. Mais je ne suis pas professeur de pied-poing, j'avais juste des petites bases.

DK : Comment a-t-il découvert cet univers des percussions ?

BA : Il est par exemple parti s'entraîner au Brésil à la *Chute boxe*, et je l'ai également envoyé en Hollande. Il s'entraîne aussi par période avec Jérôme Le Banner qui s'occupe bien de lui. Il aime apprendre, et il aime souffrir. Il est déterminé. Il sait qu'il est bien entouré et il est très respectueux. C'est très important. Il a l'esprit martial. Il commence à se faire remarquer sur les rings européens. Demain il sera un grand parmi les grands, « si Dieu le veut », comme dirait mon pote Francky.

DK : Aujourd'hui, face à un jeune qui rêve d'une carrière de MMA, comme ceux que tu entraînes dans ton club, quels conseils lui donnerais-tu ?

BA : Le premier conseil à donner, c'est au niveau de l'entraînement : du sérieux et une bonne hygiène de vie. Quand on fait quelque chose, il faut être sûr de savoir ce qu'on veut, et pour tout, pas seulement pour le MMA, pour les études, le sport.

À partir de là, il faut s'en donner les moyens. Il faut aussi savoir s'entourer, c'est très important. Une fois qu'on est entouré, il faut s'entraîner sérieusement. Moi, ce que je me disais pendant mes entraînements, c'était que personne ne pouvait faire ce que je faisais. C'est ça qui me maintenait, qui me faisait aller encore plus loin. Mon but, c'était d'être le meilleur du monde. Et si je suis le meilleur du monde, les autres, forcément, ne peuvent pas faire ce que je fais. La compétition, c'est 70 % de mental et 30 % de physique/technique et il faut s'appuyer sur des éléments qui te renforcent mentalement. Quand tu es sûr de toi et de ce que tu fais, au moment où tu es écrasé par les questions, les réponses deviennent claires et évidentes. Le corps, c'est un élément qui se plaint en t'envoyant en permanence de mauvaises informations, des informations sur tes limites : « J'ai mal là, je suis pas bien, je respire mal », et quand tu combats, les réponses à ces questions doivent s'imposer instantanément.

DK : Tu parlais en effet des doutes, ceux que tu as eus par rapport à ton combat.

BA : Il y a un moment dans le combat où je me recentre sur moi-même. Il dure un dixième de seconde. Je me dis : « De toute façon, tu as fait ce qu'il fallait, si jamais tu es contré et que tu t'effondres, c'est pas grave. » Ça n'a pas été formulé comme ça dans mon esprit, mais il y a ce sentiment. Suite à ce doute, une réponse à ce sentiment est arrivée immédiatement : « Jamais de la vie. » Il était impossible que je tombe. C'est l'histoire de cette petite voix maléfique qui veut que tu laisses tomber. Si tu n'as pas fait ce qu'il faut avant, c'est à ce moment-là que tu craques.

DK : Quelle part a l'hygiène d'un combattant dans sa préparation physique ?

BA : Elle doit être irréprochable. C'est difficile en même temps de parler de sacrifices. Aujourd'hui, des gens me demandent si la vie d'un athlète de haut niveau n'est pas trop astreignante, avec toutes ces privations. Personnellement, je n'ai pas l'impression d'avoir souffert. C'est vrai, après les années de lycée en sport-études, je suis entré à l'INSEP et il y a des règles informelles à respecter. Tu ne sors pas, tu essaies de manger correctement, tu te reposes, etc. Quand tes amis te disent : « Allez, viens, on sort », toi, il faut que tu dises non, parce que si tu sors, le lendemain, tu es trop fatigué pour t'entraîner, et tout ce que tu risques, c'est la blessure. Il faut savoir ce que l'on veut. Tous les gens qui font des sports à haut niveau doivent avoir cette force et être irréprochables de ce point évidemment crucial, décisif. Quand tu es en préparation, tu ne peux pas t'amuser comme le font ceux de ton âge. Ce sont des sacrifices pour certains, mais tu choisis de les faire et, bizarrement, ils perdent ce versant sacrificiel pour devenir de véritables moteurs, à l'inverse d'une douleur existentielle. À partir du moment ou c'est une passion, et quand tu fais ce que tu aimes, tu ne le vis pas comme un sacrifice. Tu ne regrettes pas de ne pas sortir parce que tu n'as qu'une hâte, c'est l'entraînement du lendemain.

DK : Par rapport à l'hygiène, il faut donc éviter les sorties, l'alcool, les excès en tout genre ?

BA : Forcément, parce que tout ça travaille sur la condition physique et sur la préparation. Quelqu'un d'usé physiquement ne peut pas être performant.

DK : Ton entraînement a été quasiment quotidien depuis une dizaine d'années ?

BA : Oui, je me suis entraîné tous les jours depuis que je suis entré en sport-études, de 1981 à 1996. Même après, jusqu'en 2001.

DK : Cela fait donc 30 ans que tu t'entraînes ?

BA : Jusqu'en 1998, tous les jours, après un peu moins.

DK : Pour revenir sur l'idée de sacrifice, je pensais à ton frère qui, paraît-il, était avec une sublime demoiselle, mais qui, lui aussi, a finalement fait le choix de l'entraînement …

BA : Oui, ça va avec. Mais il ne le vit pas comme un sacrifice, parce qu'à ce moment-là, sa demoiselle, c'est l'entraînement.

DK : Le 31 décembre, à minuit, il s'est même retrouvé face à un sac de frappe alors que ses amis faisaient la fête ?

BA : Oui, c'est une question de mental. Il voulait faire quelque chose que personne d'autre ne ferait à ce moment précis. Il s'est dit : « Le jour de l'an, je vais m'entraîner. À minuit, il faut que je sois en train de m'entraîner comme un fou furieux. Je sais que tout le monde, mes adversaires compris, est en train de faire la fête. Moi, je ne vais pas faire la fête, je vais m'entraîner. Et j'aurai ça de plus par rapport à eux. » C'est une façon de penser et de voir les choses dans une dynamique positive pour te renforcer mentalement.

DK : Pourrais-tu nous parler du parcours de Boris Jonstomp ?

BA : Boris a commencé le Kick-boxing à l'âge de 13 ans, chez Dominique Valéra. Ensuite, à 18 ans, il a intégré mon club, à Pavillons-sous-Bois. Il est venu après avoir vu les premiers *UFC*, il avait entendu dire qu'il y avait un bon club de Ju-Jitsu à

Pavillons. Il s'y est plu tout de suite. Il a très vite voulu faire du Free Fight. Mais, avant ça, il a dû progresser et quand il a eu le niveau pour combattre, on s'est tournés vers le Free Fight. Je regrette un peu de ne pas l'avoir fait débuter progressivement. Lorsqu'il a commencé, on se devait d'accepter les combats qu'on nous proposait. Il a rencontré beaucoup de ténors avec un courage absolu. J'admire ce garçon.

DK : Où s'est passé son premier combat de Free Fight ?

BA : C'était au *Jungle Fight*. Il s'est imposé en Amazonie et est devenu par là même le premier Français à s'imposer en MMA en terre brésilienne. Tout un symbole.

DK : Et depuis, il a fait partie de l'équipe de France ?

BA : Oui. En fait il n'y a pas d'équipe de France, mais il a fait partie d'un groupe de combattants qui rassemblait les meilleurs Français. Une équipe de France « de fait ».

DK : Qui a pris l'initiative de créer ces rencontres internationales ?

BA : *FightSport.*

DK : Qui compose l'équipe ?

BA : Un groupe de personnes proche de la rédaction, ainsi que plusieurs entraîneurs.

DK : L'hygiène de vie de Boris doit être irréprochable ?

BA : Oui, Boris, c'est un combattant dans l'âme. Il ne boit pas d'alcool, pas une goutte. Sa vie, c'est le combat et, d'ailleurs, il faut le freiner parce qu'il souffre plutôt de ce qu'on appelle le surentraînement. Il a tendance à trop s'entraîner et son corps n'a pas le temps de récupérer. C'est aussi néfaste que le manque d'entraînement. On est dans un état de fatigue physique constant.

DK : Peux-tu chiffrer le nombre de clubs en France qui pratiquent du MMA ?

BA : Il n'y a pas encore de fédération, donc on ne peut pas chiffrer. C'est impossible à dire.

DK : Même à Paris, tu n'as pas d'idée ?

BA : La seule façon de chiffrer, c'est que tout le monde soit regroupé dans la même association et, pour le moment, ce n'est pas le cas.

DK : Aujourd'hui, quels sont pour toi les modèles de combattants en termes de préparation ?

BA : Fedor en premier, bien sûr.

DK : Pourquoi ?

BA : Parce qu'il est intelligent. Pour moi, c'est un vrai professionnel, il sait se préparer, c'est le type de personne qui prépare chaque combat de façon minutieuse. Son entraînement est adapté à son adversaire. Sinon, il y a aussi Minotauro. Mirko Cro Cop fait également un travail remarquable. Il était une figure emblématique du *K-1* et a réussi à s'imposer au *Pride*. C'est exceptionnel.

DK : Qu'est-ce qui distingue la préparation de Minotauro de celle de Fedor ?

BA : Fedor Emelianenko et Antonio Rodriguo « Minotauro » Nogueira viennent de 2 écoles différentes. Je dirais que le travail de Fedor est plus complet que celui de Minotauro. Il utilise plus d'armes lors d'un combat que son rival brésilien, qui est lui plus méthodique et plus patient. Le style de Fedor vous explose à la figure. Minotauro attend patiemment le moment de vous soumettre par un étranglement ou une clé.

DK : J'aimerais que tu nous parles du respect d'autrui. La « presse classique » véhicule l'image du Free Fight comme celle d'une bande d'assassins des rings alors que le combat libre est nourri de respect. J'imagine que tu l'enseignes dans ton club. Le respect est pour ainsi dire une tâche à accomplir en soi.

BA : C'est quelque chose qui s'impose naturellement au cour de l'apprentissage. Mais ça ne s'enseigne pas avec des mots, ça s'enseigne par les actes, dans la façon d'aborder les choses. On intègre le respect et il devient évident pour tout le monde. Les gens respectent leurs partenaires sans se dire : « Lui, je vais le respecter. » Ce sont des gestes naturels, les comportements deviennent naturels dans les univers martiaux.

DK : Tu veux dire que lorsque tes élèves s'entraînent, ils veillent absolument à ne pas risquer la moindre blessure à l'encontre de leur partenaire ?

BA : Complètement. Le respect, c'est aussi ça. La première chose que les combattants font quand ils ont fini, c'est de se congratuler. Tous, et souvent avec beaucoup d'intensité et d'émotion. Certain se mettent à genoux pour marquer leur respect à leur adversaire après un combat. Je respecte l'homme d'en face, parce que je sais par quoi il est passé pour être là devant moi puisque je suis passé par le même parcours. Le respect se mérite. De plus, je sais que le fait d'affronter quelqu'un, en sachant qu'il a tout fait pour essayer de me battre, va me faire progresser. C'est grâce à lui que je deviens plus fort. Le respect ne s'enseigne pas en le hurlant, il devient une évidence. À la fin d'un combat, le seul geste évident pour tout le monde, c'est de prendre son adversaire dans ses bras et de lui dire quelques mots à l'oreille, des mots de sympathie. Ce n'est pas calculé, c'est naturel.

DK : Pourrais-tu nous parler un peu de ton association pour la prévention des chutes ?

BA : J'ai monté une association avec un ami, Nicolas Deveaux, pour apprendre en fait aux enfants, par des mouvements éducatifs, à savoir se réceptionner lorsqu'ils tombent. En tant que professeur de Judo et ancien Judoka de haut niveau, je connais très bien les chutes. Je me suis déjà trouvé dans des situations où j'ai évité l'accident grâce au fait de savoir me réceptionner. L'idée de départ de l'association était, dans les écoles, d'apprendre aux enfants à chuter comme ils apprennent à nager. On a évidemment plus de risque de se faire mal en tombant qu'en ne sachant pas nager, vu que l'eau n'est pas notre élément naturel. C'est vrai qu'il faut bien commencer par une population, donc nous avons commencé par les enfants. Mais le but est de toucher tout le monde. Chez les enfants, on peut essayer de créer des réflexes qu'ils garderont en grandissant et transmettront, des réflexes qui, à un moment donné, les sauveront peut-être, eux, leurs proches, ou leurs futurs enfants.

DK : Abordons maintenant des grandes écoles de combat libre. Peux-tu commencer par nous parler de la *Chute boxe*, école culte du MMA ?

BA : C'est une académie fondée par Rudimar Fedrigo, qui, au départ, faisait de la Boxe thaïlandaise. Et, comme toutes les académies, ils se sont rendu compte que, pour être complet, il fallait travailler toutes les disciplines de combat. Ils ont donc élargi leurs activités. Ils se sont notamment fait connaître grâce à Wanderlei Silva et comptent une quantité impressionnante de champions, dont Mauricio « Shogun » Rua, qui est l'actuel numéro 1 mondial chez les Lightheavyweight du *Pride*.

DK : Au départ, la *Chute boxe* était donc une école de Muay Thaï ?

BA : Exactement.

DK : Ce n'est qu'ensuite qu'ils ont développé des cours de combats au sol ?

BA : Leur but était de faire des compétitions de MMA, de *Valetudo*, donc ils ont dû s'y préparer.

DK : Et la *BTT*, la *Brazilian Top Team*, l'autre grande école brésilienne, a plutôt fait le chemin inverse, ils sont partis du sol ?

BA : Non, ce n'est pas un chemin inverse. La *BTT* a été créée par des combattants comme Murilo Bustamente et Mario Sperry, qui étaient des spécialistes de Jiu-Jitsu brésilien. Ils ont démarré avec le JJB pour après aller chercher les techniques de percussions. L'approche est la même. C'est ce qui est le plus important.

DK : La Gracie Academy, la *BTT* et la *Chute boxe* sont quand même les 3 grandes écoles de MMA au Brésil ?

BA : Pas tout à fait puisque la Gracie Barra est avant tout une académie de Jiu-Jitsu brésilien. Certains de leurs combattants font également du MMA, mais ce n'est pas l'essentiel de leur activité. La *BTT* et la *Chute boxe* font vraiment du MMA.

DK : Peux-tu aussi nous parler de la *Golden Glory*, qui est une école dont on entend beaucoup parler ?

BA : C'est une école hollandaise qui est plus axée sur le Kick-boxing, donc qui entraîne beaucoup de combattants pour le *K-1* et quelques-uns en Free Fight. Alistair Overeem, Heath Herring, Semmy Schilt, notamment, font partie de la *Golden Glory*.

DK : Stephan Leko également.

BA : Oui, Stephan Leko, mais qui s'est mis au Free Fight avec très peu de succès puisqu'il a perdu tous ses combats, très rapidement d'ailleurs.

DK : La plus grosse école de Russie, qui s'est fait connaître au départ grâce à Fedor, est la *Russian Top Team*. Mais Fedor n'a-t-il pas ensuite monté sa propre école ?

BA : Non, il n'a pas fondé une école, il a rejoint un groupe qui s'appelle les *Red Devils*. C'est un groupe qui appartient à Wadim Fielkenstein, et quand Fedor les a rejoints, l'école s'est développée. Ils ont des moyens assez intéressants pour permettre à certains Russes de s'entraîner et de se préparer pour combattre à haut niveau. On a d'ailleurs créé une passerelle d'échange entre la Russie et la France pour organiser des rencontres et des stages.

DK : Ken Shamrock a également créé son école ?

© Dream Stage Entertainment Inc.

▲ Pride GP 2nd Round 2005
Ricardo Arona se déploit pour éviter l'assaut de Kasushi Sakuraba.

Pride Bushido 8
▼ Fanstastique clé de bras (juji gatame) du Japonais Takanori Gomi sur le Brésilien Jean Silva qui parviendra à se sortir de cette prise.

© Dream Stage Entertainment Inc.

▲ Pride GP Final 2006
Arona prend le dessus au sol sur le Hollandais Alistair Overeem.

Pride 26
« C'est quand tu veux », semble penser Cro Cop qui attend de pied ferme
▼ l'Américain Heath Herring qui aurait préféré garder le combat au sol.

▲ Le très tonique Américain Kevin Randleman.

▲ Royce Gracie, le premier mythe mondial du MMA qui gagnera les premiers UFC.

▼ Fedor, l'homme le plus fort du monde.

▲ Pride 28
L'arme dévastatrice de Mirko Cro Cop, son high kick du gauche.
L'Américain Josh Barnett s'en sort in extremis.

▼ Les Ring Girls du pride.

▲ Pride GP Final 2004
Minotauro tente un Sankaku (étranglement en triangle à l'aide des jambes) sur le très solide Russe Serguei Kharitonov.

▼ Le Saitama Super Arena fait le plein (48 000 spectateurs) à chaque événement du Pride.

▲ Pride Sadame 2004
Lorsque Wanderlei cogne, il vaut mieux se tenir à l'écart, même lorsqu'on s'appelle Mark Hunt.

◀ Jérôme Le Banner, star mondiale du K-1 et désormais du Hero's.

▲ Pride GP final 2005
Shogun (à gauche) ne laissera aucune chance à Arona pour s'emparer de la ceinture.

Pride 28
Wanderlei Silva conserve sa couronne aux dépens de Quinton « Rampage » Jackson sur ce terrible coup de genou. ▼

▲ Pride Bushido 3
Bertrand Amoussou vient de remporter son défi au Japon et devient le premier Français à s'imposer au Pride.

BA : Oui, le *Lion's Den,* mais c'est une vieille école dans laquelle il n'y a plus beaucoup de combattants. Je ne sais pas ce qu'elle devient. Sinon, il y a aussi la *Hammer House* de Coleman, avec entre autres Kevin Randelman. Il y a beaucoup d'autres écoles, dont une célèbre aux États-Unis, celle de Pat Miletich, le *Miletich Fighting System*, qui entraîne aujourd'hui plusieurs champions de l'*UFC*, dont Tim Sylvia et Matt Hughes.

DK : Aujourd'hui, quelles sont les portes d'entrée, pour un jeune homme qui commence à prendre des cours de MMA, pour avoir accès à ce genre d'écoles ? Comment s'organiser concrètement pour faire un stage dans une de ces écoles ?

BA : Ce n'est pas compliqué, il faut chercher les contacts officiels et les appeler, demander quelles sont les modalités d'inscription pour s'entraîner. Souvent il faut payer les cours. Il reste la possibilité des stages également.

DK : Il ne faut pas être chapeauté par un parrain ?

BA : Pour le premier contact, c'est plus facile. Mais ce n'est pas valable pour toutes les académies.

DK : Ils acceptent tout le monde ?

BA : LA *BTT* et la *Chute boxe* oui, donc il n'y pas de raison que les autres ne le fassent pas. Il y a, dans chaque club, une équipe professionnelle, mais ce sont avant tout des clubs d'arts martiaux avec des cours généralement très variés, y compris pour les débutants.

DK : J'aimerais qu'on parle d'un aspect esthétique du *Pride.* Les observateurs du Free Fight réalisent aujourd'hui que ce ne sont pas les athlètes les plus impressionnants physiquement qui détiennent les ceintures. Ce sont plutôt des personnalités habitées, traversées, ayant connu, par leur histoire personnelle, l'adversité souvent avant même d'avoir commencé leur vie de combattant. C'est le cas de Mirko Cro Cop, ou de Fedor.

BA : C'est une évidence pour moi. Un championnat de combat libre et de Free Fight, ce n'est pas un concours de testostérone. Beaucoup de choses entrent en ligne de compte, notamment la technique, la volonté et l'humilité. Ce sont des arts martiaux. Les garçons doivent être extrêmement solides psychologiquement pour accéder à ces ceintures, et surtout pour les conserver.

DK : Ce sont donc les âmes fortes qui dominent ?

BA : Bien sûr, on l'a déjà dit plusieurs fois, 70 % de ce qui fait la force d'un combattant, c'est son mental. Et le mental ne se mesure pas aux kilos de fonte que tu peux soulever.

DK : Cro Cop est un des symboles du *Pride*. Tous les amateurs du *Pride*, même certains de nos lecteurs, connaissent sa vie et ses déchirures. Il a déjà pleuré lors d'une interview, évoquant la guerre qu'a été son existence, son enfance. On décèle derrière son regard de glace l'enfant s'interrogeant pour toujours sur la cruauté humaine. On devine que Fedor a quelques trous noirs également, une sorte d'indicible tristesse dans ce regard tellement russe, tellement post-sovietique. Le regard de son frère est encore plus évocateur, pas l'ombre d'un sourire, pas l'ombre d'une chance de déceler l'humain, donc la faille. Idem pour Coleman, dont on sent les profondes fractures existentielles. Lui-même dit qu'il se bat pour ses filles, dont il a perdu la garde. On sent chez ces combattants d'une autre ère une séparation presque irrémissible avec l'humanité.

BA : Tout le monde a son histoire. Le *Pride* se sert des épreuves douloureuses de la vie de certains pour construire leur portrait. Tout le monde a ses difficultés, avec son lot de chagrins.

DK : Le *Pride* fabrique des histoires et répond également à une demande. Comment expliques-tu le fait que ces âmes, dont on sent les failles béantes, soient des personnages aussi attachants et en même temps aussi étranges, spécifiques ? On les sent désireux de monter aussi haut que la vie a voulu les faire descendre. De se servir de leurs cratères pour y faire jaillir un véritable Etna de puissance.

BA : Je ne les trouve pas forcément particuliers. Ce qu'ils ont de particulier, c'est que ce sont les meilleurs. Et ils le sont aussi du fait de leur vécu, c'est une évidence. Ils puisent des forces dans leur histoire pour ce qu'ils font.

DK : Wanderlei Silva m'a toujours un peu glacé et un jour, j'ai montré ses combats à l'écrivain Maurice G. Dantec, et il m'a dit : « Tu vois, je pense que tu te trompes, ce type-là, quand je le regarde, je vois un garçon intense, généreux, authentiquement sensible. »

BA : Oui, et c'est le cas. La plupart des gens pensent que pour être un combattant, il faut être une brute et que le meilleur des combattants serait la plus dure de ces brutes, alors que ça n'a rien à voir avec ça. Un combattant n'a rien de personnel contre son adversaire. C'est ce que la plupart des gens ne comprennent pas. Quand tu es sur un ring face à un adversaire, le premier que tu cherches à battre, c'est toi-même, via l'autre homme qui s'est dressé en face ; à ce moment-là, lui n'est qu'un outil, un moyen.

DK : Ne penses-tu pas que les personnes qui ont les ceintures sont celles qui ont aussi les plus grandes revanches à prendre sur la vie ?

BA : Non, je ne pense pas que l'équation soit aussi simple que ça.

DK : Une quête personnelle ?

BA : Nous ne sommes pas tous identiques. Certains sont plus doués que d'autres, certains s'entraînent plus facilement ou plus rapidement, et il ne faut pas oublier le facteur chance, qui entre également en jeu. On ne peut pas dire que le gagnant de la ceinture soit celui qui ait la plus grosse revanche à prendre. Ce serait trop simple. Certains champions ont eu une vie tout à fait normale et heureuse. Une vie difficile peut être un facteur qui t'aide si tu as les capacités de devenir champion. Ça peut être un moteur, ou un booster dans une carrière, mais ce n'est pas une règle.

DK : Un simple visionnage du *Pride* et tu constates le continent qui sépare un guerrier d'un combattant classique, générique. Un abysse entre celui qui a appris à se battre sur un ring, j'allais dire programmatiquent, et celui qui semble être né pour ça, celui qui vient y jouer sa vie.

BA : Observe un peu les enfants et regarde les différences de comportement entre eux. Tu peux savoir celui qui a un tempérament pour devenir champion et celui qui ne l'a pas. C'est quelque chose que tu as en toi.

DK : Selon toi, un guerrier naît guerrier, il ne le devient pas.

BA : Oui, un guerrier naît guerrier. Énormément de gens ont eu des vies très difficiles et n'ont pourtant aucune envie de prendre de revanche, ou en tous cas n'en manifestent pas l'intérêt. C'est pour cette raison que je prends l'exemple des enfants. Ils n'ont pas encore connu d'épreuves dans leur vie, mais tu vois dans les attitudes, dans la façon de réagir par rapport à certaines choses, que certains ne lâchent rien. On ne sait pas pourquoi. C'est juste une question de mentalité, c'est un comportement. Tout le monde est différent, ce que tu es au départ, tu le restes en partie.

DK : Le capital génétique entre également en jeu, on est aussi ce que sont nos parents, on est aussi ce qu'ils ont vécu. Les souffrances et les forces de nos parents traversent aussi notre vie.

BA : Je suis d'accord, mais ce n'est pas parce que tu as vécu quelque chose de dur que tu deviens champion. Si tu as décidé d'être champion et si tu as vécu quelque chose de dur, ça peut être un moteur.

DK : Combattre est donc avant tout l'expression d'un mystère aussi orbital que la transfiguration physique de ce qu'est l'âme du combattant ?

BA : C'est en effet une expression de ce que tu as au plus profond de toi.

UN SUR SIX MILLIARDS

23 hommes.
23 déclarations de guerre.
23 événements du XXIe siècle.

1/ WANDERLEI SILVA

DK : Cette partie du livre sera consacrée à une série de portraits de combattants qui ont marqué le monde du Free Fight, certains étant même des pionniers. Cette sélection va du Brésil au Japon, en couvrant presque toute la planète. Commençons par Wanderlei Silva, qui fait partie de l'école *Chute boxe,* qu'on a déjà évoquée rapidement.

BA : Wanderlei est aujourd'hui, à mes yeux et, je crois, aux yeux de tout le monde, le combattant le plus charismatique de l'univers MMA.

DK : C'est-à-dire ?

BA : Wanderlei a combattu assez longtemps au Brésil. Il a commencé en 1996 dans une organisation qui s'appelait *BWF*, puis a continué à l'*IVC*. Il est également passé par l'*UFC*, avant de se faire réellement connaître au *Pride*. Il est le combattant le plus respecté de la planète Free Fight, même s'il est aujourd'hui en fin de carrière. C'est le combattant qui aura le plus marqué les esprits, de par son agressivité. J'ai une anecdote à ce sujet.

L'année dernière, Fedor est venu nous rendre visite à la rédaction. Nous décidons de lui offrir quelques articles de sport et notamment un sweat de la marque du champion brésilien : « Wand ». Fedor nous dit alors timidement qu'il souhaiterait attendre la signature avant de repartir avec le sweat. Il nous a fallu 5 minutes pour comprendre qu'en fait, il voulait une dédicace de Wanderlei Silva sur son sweat-shirt. Il était tout gêné. C'était tellement mignon...

DK : Peut-on dire qu'il est l'incarnation de l'école *Chute boxe* ?

BA : Oui, la *Chute boxe* s'est fait connaître grâce à ses exploits. Il a ouvert la voie aux autres champions de cette académie.

DK : Comment pourrais-tu définir son style de combat ? Quels sont ses points forts ?

BA : Il a un mental extraordinaire et une grande expérience. Quand il était plus jeune, il se disait un peu rondouillard, même un peu gros et pas beau. En fait, il a voulu faire de la Boxe thaï et des sports de combat parce que c'était un moyen de plaire aux filles. Il voulait gagner en assurance et développer sa masse musculaire. Il représente le guerrier à l'état pur. Il a le combat dans le sang.

DK : On l'appelle *The Axe Murderer.*

BA : C'est en effet le surnom qu'on lui a donné. Il en dit long sur l'impression qu'il laisse sur un ring.

DK : Malgré sa carrière exceptionnelle, on lui connaît quand même une défaite assez spectaculaire à l'*UFC.*

BA : Oui. Comme dans tout parcours, il a aussi connu des défaites. Cela s'est passé à l'*UFC* Brazil, où il a perdu contre Vitor Belfort. Comment l'expliquer ? Il a été surpris, il s'est fait contrer d'entrée par Belfort, qui a enchaîné des séries de coups de poings pour le mettre KO en un temps record.

DK : C'était la grande époque de Vitor Belfort.

BA : Disons plutôt que c'est ce combat qui a révélé Belfort.

DK : Tu nous as dit que Wanderlei était en fin de carrière. À ce sujet, Ricardo Arona a dit qu'il avait perdu la rage de vaincre. Partages-tu ce point de vue ?

BA : Il est vrai que Wanderlei a montré un peu de relâchement cette année, mais qui peut le lui reprocher ? D'accord, il a perdu face à Arona, mais il a ensuite pris sa revanche. Il combat depuis 1996. Il faut se mettre un peu à sa place. Cela fait 10 ans qu'il est sur la brèche, il le dit lui-même. Il a une vie de famille et a certainement envie de passer un peu plus de temps avec son fils, et peut-être moins à l'entraînement et sur les rings. C'est compréhensible.

DK : Y a-t-il un combat qui le fait naître médiatiquement ou sa notoriété éclate-t-elle immédiatement ?

BA : Pour moi, il naît au *Pride*. Il a fait 10 combats avant le *Pride*, dont 3 à l'*UFC* et 2 défaites. Une contre Vitor Belfort et l'autre contre Tito Ortis.

DK : Dès le début, le style Wanderlei est déjà là : coups de genoux, *penaltys*, coups de talon, posture de félin, successions de crochets.

BA : Oui, c'est sa façon de combattre. Pour moi, le combat qui l'a vraiment révélé, c'est sa première victoire contre Sakuraba. À l'époque, Sakuraba sortait d'une énorme série de victoires avec une seule défaite sur 12 combats. Il avait vaincu 4 membres de la famille Gracie. C'était la star du *Pride*. Wanderlei Silva est arrivé et l'a éliminé en 1 min 38 à la première reprise.

DK : Il a aussi pris une bonne masse musculaire entre l'*UFC* et le *Pride*.

BA : Je ne sais pas. Il a toujours combattu dans la même catégorie.

DK : Pourtant, à l'*UFC*, il semble beaucoup plus fin.

BA : En 3 ans, avec beaucoup de préparation, c'est normal qu'il ait pris un peu de muscles. Quand on le voit à l'*IVC*, ce n'est pas une crevette, il combat déjà dans la catégorie des moins de 93 kilos. Il a peut-être pris 3 kilos. On a plus parlé de Wanderlei au *Pride* qu'avant, donc les gens ont envie de rajouter des superlatifs.

DK : Dans son documentaire, Ariel Wizman remarque également que Wanderlei s'est beaucoup développé.

BA : Ariel dit cela parce qu'il veut toujours mettre l'accent sur le dopage. Son documentaire est un peu racoleur.

DK : Pourrait-on parler de l'épisode Silva/Rampage ? Ses combats contre Sakuraba sont ceux qui l'imposent, mais les 2 matches contre Quinton « Rampage » Jackson sont aussi historiques.

BA : Oui, en effet, épiques.

DK : On a vu avec cet affrontement qu'un combat pouvait devenir un véritable événement.

BA : C'était un événement parce que les 2 meilleurs combattants de la catégorie allaient se rencontrer en finale du GP. C'était vraiment la finale que tout le monde attendait. En plus, le combat a été extraordinaire, surtout le retour. Rampage était plus que prêt pour rencontrer Wanderlei. Il a d'ailleurs réussi à le mettre presque KO à la fin de la première reprise, mais Wanderlei a été sauvé par le gong. Après une série hallucinante de coups de genoux, il a fini par pousser Quinton, qui s'est écroulé dans les cordes.

DK : Peux-tu nous raconter le combat de Wanderlei contre Mark Hunt ? La première défaite de Wanderlei au *Pride*… Comment se fait-il qu'il ait affronté Mark Hunt alors qu'ils ne font pas partie de la même catégorie ?

BA : Wanderlei devait rencontrer Sakuraba, qui mourait d'envie de prendre sa revanche. Comme à son habitude, Wanderlei s'est mis au régime pour le combat, mais Sakuraba s'est blessé. Il a donc fallu lui trouver un remplaçant. Le *Pride* a proposé Mark Hunt, qui devait peser à ce moment là 25 kilos de plus. Wanderlei, qui ne refuse jamais un défi, a accepté. Le combat est allé à son terme et Wanderlei a perdu par décision partagée des juges.

DK : Voir Wanderlei entrer dans une *Pride* Arena de 70 000 spectateurs en furie, découpant son horizon du regard avec un sourire des plus inquiétants est devenu une authentique drogue pour les amateurs de MMA. Sa simple présence creuse un cratère d'adrénaline. L'onde de choc parcourt les gradins, le ring, voire le parking de l'Arena alors qu'il n'a pas encore bougé un orteil. On le sent se remplir de l'énergie du public jusqu'à l'instant où il finit par se diriger vers le ring. La plupart des adversaires ont déjà perdu 50 % du combat à cet instant-là. Quand a débuté exactement la carrière *Pride* de Wanderlei ?

BA : En fait, avant le *Pride* 17, les ceintures n'existaient pas, donc Wanderlei a gagné la première ceinture du *Pride* lors de son deuxième combat contre Sakuraba, le 11 mars 2001. Il a gagné cette ceinture et ne l'a jamais perdue depuis.

DK : À quelle catégorie de poids correspond cette ceinture ?

BA : Celle des light Heavyweight, c'est-à-dire moins de 93 kilos.

DK : À l'époque, les catégories de poids légers n'existaient pas au *Pride* ?

BA : Non, c'est plus tard que le *Pride Bushido* a été créé avec des catégories de moins de 83 kilos et de moins de 73 kilos.

DK : A-t-il connu d'autres défaites que celle contre Hunt au *Pride* ?

BA : Oui, il a perdu contre Ricardo Arona cette année, par décision, et a subi une défaite par KO contre Mirko Cro Cop en demi-finale de l'*Open Weight Grand Prix*.

DK : Wanderlei va combattre contre Chuck Liddell, le champion *UFC* de la même catégorie, n'est-ce pas ?

BA : Il est allé dans l'octogone de l'*UFC* afin de le défier, en effet.

DK : Le combat est-il programmé ?

BA : Oui, il a été programmé et doit avoir lieu en novembre 2006, mais à mon humble avis, ce ne sera pas le cas. La première raison est que Wanderlei sort d'une défaite. Même si elle a été contractée face à un combattant de la catégorie supérieure, pour le public il a perdu. La seconde raison est qu'il a été mis KO. Le règlement dit qu'on ne peut pas combattre pendant une période de 2 mois si on a subi un KO. La défaite contre Cro Cop a été enregistrée le 10 septembre 2006.

DK : Beaucoup voient Wanderlei comme le symbole du *Pride*.

BA : Il n'est pas le symbole du *Pride*, il est plutôt le combattant le plus charismatique. C'est le plus spectaculaire.

DK : C'est lui qui a popularisé le *penalty* ?

BA : On ne peut pas dire « populariser ». C'est un coup autorisé. Lui l'utilise.

DK : Penses-tu qu'il désire encore combattre longtemps ?

BA : Je pense qu'il se donne encore 2 ans, grand maximum.

DK : Toi qui l'as fréquenté dans l'intimité, quel genre d'homme est-il ?

BA : Comme beaucoup de combattants. Je ne fais pas partie des gens qui pensent qu'un combattant est un abruti ou une bête féroce, donc je ne suis pas surpris de découvrir en lui un être attachant, et très drôle. C'est un mec super. Seuls les gens qui ne connaissent pas le Free Fight, pensent le contraire. Le combat est un métier. On ne peut pas combattre en étant doux, on combat avec sa rage, avec sa détermination. Mais cela ne veut pas dire qu'on est empli de rage dans la vie de tous les jours ! Il est nécessaire d'expliquer que les combattants ne sont pas des êtres agressifs, ils sont comme tout le monde, comme toi et surtout comme moi (*rires*) !

DK : C'est quelqu'un dont la gentillesse t'a marqué ?

BA : Oui, il est très accessible. J'ai pu constater ça pendant son stage en France, lorsque des fans venaient le voir. C'est un Brésilien, il a le sang chaud et est très ouvert. Fedor est également quelqu'un de très gentil, mais ce n'est pas la même approche, Fedor est beaucoup plus réservé. Wanderlei, lui, va vers les gens, les prend dans ses bras. Beaucoup en sont surpris. C'est la culture brésilienne qui veut cela, Wanderlei est un homme chaleureux.

DK : L'école de Wanderlei, la *Chute boxe*, est-elle présente ailleurs qu'au Brésil ?

BA : Oui, elle est aussi implantée aux États-Unis et au Japon. Il y en aura sûrement d'autres ailleurs.

2/ ANTONIO RODRIGO NOGUEIRA

DK : Lui fait partie de la *BTT*, la *Brazilian Top Team*.

BA : C'est ça.

DK : Une légende dit qu'un camion lui a roulé dessus et que depuis, il dit ne craindre absolument personne.

BA : En effet, c'est sa façon de se conditionner. Il utilise un événement tragique de sa vie pour se donner plus de force. S'il a survécu à cet accident, ce n'est pas un homme qui pourra le terrasser.

DK : C'est l'un des premiers, voire le premier, a avoir eu la ceinture poids lourds du *Pride*.

BA : Il a été le premier, à l'occasion du *Pride* 17. Minotauro est un monstre de technique au sol et un monstre de courage.

DK : Pourtant il n'a jamais été champion du monde de Jiu-Jitsu brésilien. Par contre, il a eu un titre de Boxe anglaise récemment, me semble-t-il.

BA : Non, à un moment donné, il a tenté de se qualifier afin d'entrer dans l'équipe olympique de Boxe du Brésil.

DK : Comment s'est passée l'arrivée de Minotauro au *Pride* ?

BA : Il est de Rio de Janeiro et s'entraîne dans l'académie appelée *Brazilian Top Team*. Il a beaucoup combattu à la *Rings*, organisation japonaise, comme d'ailleurs un certain nombre de combattants à leurs débuts. Il est arrivé au *Pride* 15 et a rencontré Gary Goodridge. Il l'a soumis par un triangle et est ensuite devenu champion du *Pride*, dans la catégorie Heavyweight, face à Heath Herring, lors du *Pride* 17. Il a perdu sa ceinture face à l'actuel champion incontesté et incontestable : Fedor Emelianenko.

DK : Minotauro a mené un combat historique contre Bob Sapp.

BA : Oui, on a vu arriver cet américain de 2,02 m pour 170 kilos face à Minotauro, 1,91 m pour 105 kilos. C'était vraiment David contre Goliath. Minotauro s'est fait malmener, il a pris des coups à droite, à gauche, il s'est fait slamer et quasiment sauter dessus, à pieds joints. Il a réussi à ramener Bob Sapp au sol et a tenté de le contrôler, mais ce dernier, si puissant, l'a renversé d'une seule main. Cependant Minotauro n'a pas lâché, et au bout d'un combat d'au moins 14 minutes, il a trouvé la solution. Il est parvenu à le retourner et à placer une clé de bras imparable. C'était un combat d'anthologie.

DK : C'était à l'occasion du *Pride-K-1* ?

BA : Oui, le *Pride Dynamite*. 91 000 spectateurs ont assisté en direct à cet événement au Stade national de Tokyo.

DK : Comment pourrais-tu définir le style de Minotauro ?

BA : Jiu-Jitsu brésilien, *Grappling*, combat au sol. Mais il a également une belle Boxe. C'est un combattant patient et tenace. Tôt ou tard, il arrive à ses fins.

DK : Il y a aussi 3 combats historiques contre Fedor Emelianenko où il fait preuve d'une résistance hors du commun.

BA : C'est un monstre. Il a soumis tout le monde : Cro Cop, alors qu'il avait pris un KO sur le gong à la fin de la première reprise. Il l'a dit lui-même, au moment du gong : « Je suis sauvé. » Derrière, il trouve le moyen de placer une clé de bras. Il trouve toujours une solution. Il a mis une clé de bras à Dan Henderson et à Bob Sapp, un triangle à Semmy Schilt, Marc Coleman et Gary Goodridge.

DK : Et c'est aussi un très grand encaisseur.

BA : Il donne l'impression d'être insensible aux coups. C'est très déstabilisant.

DK : Tu l'as également rencontré, quel homme est-il ?

BA : C'est un homme calme et déterminé, qui sait où il va. Je le rappelle, avant d'être des combattants, ce sont des hommes. Cependant, le fait de combattre les rend, de manière générale, plus concentrés, plus sereins, tranquilles, sans emportements. Chacun a sa petite personnalité, bien entendu ! Et s'ils n'avaient pas de signes extérieurs de « Fighters », comme par exemple les choux aux oreilles, personne ne pourrait imaginer que ce sont des champions de cette trempe.

DK : On peut dire aujourd'hui que Minotauro est l'un des combattants du siècle.

BA : Oui, il fait partie des très grands. C'est un « Papa ».

DK : Peux-tu nous dire un mot sur la *BTT* ?

BA : C'est une académie de Rio de Janeiro, créée par Murilo Bustamente, Mario Sperry et Hugo Duarte. Au départ, ils faisaient du Jiu-Jitsu brésilien, mais ils se sont mis à travailler toutes les techniques et se sont spécialisés dans le travail au sol.

DK : C'est l'académie reine du travail au sol ?

BA : En ce qui concerne le MMA, oui.

DK : La *BTT* a-t-elle ouvert des centres dans d'autres pays ?

BA : Il y en a un en France. Il y en a un aux États-Unis, qui s'appelle *American Top Team*, mais c'est une antenne de la *BTT*. Il doit également y en avoir un au Japon.

DK : Le centre français a fermé ses portes ?

BA : Oui, pour se rouvrir en Seine-et-Marne.

DK : Comment se profile l'avenir de Minotauro ? A-t-il pour objectif de battre Fedor ?

BA : Je suis certain que oui. Il vient de perdre face à Josh Barnett en demi-finale de L'*OWGP* d'une courte décision, mais je lui fais confiance pour revenir très vite au tout premier plan.

3/ KASUSHI SAKURABA

BA : C'est un ténor pour moi, un véritable « grand ». Il pèse environ 85 kilos et a rencontré les plus grands. Il s'est fait connaître en battant 4 membres de la famille Gracie.

DK : Dont Royce ?

BA : Oui. On ne peut que le respecter.

DK : On dit souvent qu'il est le combattant du MMA le plus créatif. Il a inventé des prises, des positions, des attitudes, etc.

BA : Oui, il a un sacré style. Il vient de la *Pro-wrestling*. C'est un monstre de travail au sol. En plus, c'est un artiste, il a créé son style de combat au sol. Il trouve des solutions à toutes les situations. Il a un très fort mental et ne semble jamais se poser de questions. C'est tout simplement un surdoué du Free Fight.

DK : Il a inventé des attitudes, par exemple avec les coups de talon quand l'adversaire est au sol.

BA : C'est un créateur, il a fait des choses auxquelles personne n'aurait pensé auparavant. Quand on le voit, on se dit : « Il a osé ! » Plus que d'inventer, il ose.

DK : Son style a été beaucoup copié.

BA : Quand on fait des choses inattendues et efficaces, on est copié. Malgré son petit gabarit, je le répète, il pèse 85 kilos, il a rencontré les plus grands.

DK : Et un jour, il a affronté un mur de glace qui s'appelle Wanderlei Silva…

BA : Et il a perdu.

DK : Quand apparaît-il au *Pride* ?

BA : Il arrive au tout début du *Pride.* Il a combattu 2 fois à l'*UFC*, dont l'*UFC Japan* où il a battu Marcus Silvera par soumission. Et il a ensuite débarqué au *Pride* 2.

DK : Pourquoi est-il aussi respecté au Japon ?

BA : Les Japonais avait besoin d'un héros national au *Pride* et Sakuraba est arrivé en éliminant ses adversaires les uns après les autres, et à sa manière. Il n'a rien usurpé. Il a rencontré les plus grands et a une technique inouïe. Ses victoires contre la famille Gracie lui ont valu le surnom de *The Gracie Hunter.* Il a tout d'abord battu Royler Gracie en 1999, au *Pride* 8. Ensuite, il s'est débarrassé de Royce Gracie lors d'un combat qui a duré 1 h 30.

DK : Royce Gracie a abandonné.

BA : Oui, le coin Gracie a jeté l'éponge. Croyez-moi, ce n'est pas une habitude chez eux. Sakuraba est devenu l'idole de tout un pays parce que les Gracie étaient considérés comme quasiment imbattables.

DK : Et la caisse de résonance par rapport à Sakuraba est gigantesque. C'est quelqu'un de très simple. Il n'est ni arrogant, ni prétentieux.

BA : C'est un vrai samouraï.

DK : Et il n'abandonne jamais !

BA :Voilà. Il a également des entrées époustouflantes à chaque événement. Il joue vraiment le jeu du *Pride*. C'est un monstre sacré.

DK : Il a dû supporter les extravagances d'Arona, il y a quelques temps. Il prend énormément de coups, mais ne lâche jamais.

BA : Non, jamais.

DK : Quel âge a-t-il ?

BA : 38 ans, il est né en 1968.

DK : Quelle est son actualité ?

BA : Il a quitté l'organisation du *Pride* pour combattre pour le *K-1* au *Hero's*.

4/ JERÔME LE BANNER

DK : Quel a été son début de carrière ?

BA : C'est un combattant de Kick-boxing, qui a été champion du monde en Kick et en Boxe thaï.

DK : Il démarre assez tôt sa carrière au Japon.

BA : Jérôme fait son premier combat au *K-1* lors du *K-1 World Grand Prix*, le 3 mars 1995 où il affronte Nokueed Devy. Il s'imposera par décision unanime. Cela fait presque 12 ans qu'il s'illustre au *K-1*.

DK : C'est une véritable idole au Japon aujourd'hui.

BA : Oui, c'est une star, comme la plupart des combattants du *K-1*. Ce sont vraiment les meilleurs combattants de Kick-boxing et de Muay thaï de la planète.

DK : Quel est le premier combat culte de Jérôme ?

BA : Tous les combats qui l'ont opposé à Marc Hunt sont mémorables. Mark Hunt est considéré comme l'un des plus gros cogneurs du circuit et il va au charbon. Jérôme n'est pas du genre à se poser des questions pendant un combat. Il fonce. C'est quelqu'un d'excessivement généreux. Alors il donne !

DK : Ses combats contre Hunt le propulsent, mais Jérôme Le Banner n'a toujours pas gagné le *K-1*.

BA : Oui, il a perdu en finale contre Ernesto Hoost. Il est passé à 2 doigts de la consécration. Cette année-là, il aurait vraiment dû gagner. Il était le plus fort. Il a vraiment joué de malchance contre Hoost sur ce middlekick qu'il prend en plein bras, lui cassant le radius et le cubitus.

DK : Il a quand même voulu continuer à combattre, n'est-ce pas ?

BA : Oui, et il a continué mais a repris un coup et a été contraint d'arrêter.

DK : Quels sont ensuite les combats clé de sa carrière ?

BA : On ne peut pas trop parler de combat clé. C'est une carrière dans son ensemble qui caractérise Jérôme. Il est entré parmi les combattants attitrés du *K-1*. Pour le public, il reste le seul gros champion du *K-1* qui n'a jamais gagné le *Grand Prix*. C'est l'énigme : « Pourquoi n'a-t-il jamais gagné le *Grand Prix* ? » À part la ceinture, il a vraiment tout. C'est un combattant craint, que personne ne souhaite rencontrer.

DK : Il est également doué en jambes.

BA : Oui, sa puissance fait peur à tout le monde. Mais Jérôme n'est pas un homme de tournoi. Il n'est pas assez calculateur pour gagner un tournoi, même s'il en a largement les capacités.

DK : Don King l'a surnommé le « Tyson Blanc » parce qu'il a une très bonne Boxe anglaise.

BA : Don King l'a pris sous sa coupe pendant un an. Il voulait faire de lui le « héros blanc » de la planète Boxe en poids lourds. Mais Jérôme est un combattant complet. Il a fait une année et est retourné à ses anciennes amours, le Kick-boxing et la Boxe thaï. Il a préféré ça à la Boxe anglaise.

DK : Il est normand et vit à Étretat, je crois.

BA : Jérôme est très lucide sur lui-même. C'est un vrai professionnel. Il vit dans son bled, près d'Étretat, parce qu'il ne veut pas être tenté par la vie parisienne. Il veut se préparer sérieusement, et c'est ce qu'il fait. Il a une salle d'entraînement dans sa maison. Pendant les périodes de préparation, il s'isole et se concentre exclusivement sur son combat.

DK : Il dégage une vraie humanité.

BA : Oui, c'est un mec super. J'ai appris à le connaître parce qu'il a fait appel à moi pour l'entraîner en Free Fight. J'ai découvert une personne très attendrissante, honnête et fidèle en amitié. C'est quelqu'un qui gagne à être connu.

DK : Il est très sain, très franc, très direct, un personnage entier. Lors des *K-1* auxquels j'ai assisté, j'ai pu mesurer l'impact de son image auprès des fans. La simple apparition de son visage en direct à l'écran depuis sa loge faisait se dresser Bercy. Une sorte de loup prêt à envahir son territoire, ses crocs rasant l'asphalte.

BA : Oui, et très charismatique. C'est quelqu'un qui ferait tout pour ses amis. Il traverserait la France entière pour donner un coup de main à un ami. Il est vrai.

DK : Il joue dans un film en ce moment ?

BA : Il partage l'affiche avec Clovis Cornillac dans *Scorpion*. En ce moment il tourne *Astérix* dans lequel il a un rôle de centurion. Cela semble être sa reconversion et ça lui plaît. On va lui souhaiter beaucoup de succès. Il va encore continuer à combattre pendant 2 ans, mais plus en Free Fight, uniquement au *K-1*, je pense.

DK : Au *Pride* ?

BA : On verra bien. Pour le moment, il combat au *Hero's*. Mais pourquoi pas le *Pride*, pour avoir l'occasion de rencontrer les ténors ?

DK : Sens-tu qu'il en a les capacités ?

BA : Il apprend très vite, il adore le sol. On dirait un gamin. Il m'a même avoué qu'il rêvait de certaines techniques et de certains enchaînements au sol. Il est comme ça, et avec le niveau qu'il a déjà acquis au *K-1*, en Kick et en Boxe thaï, c'est marrant de l'entendre parler comme ça.

DK : T'entraînes-tu souvent avec lui ?

BA : Je vais chez lui, ou il vient dans mon club. En ce moment, il est dans les phases éliminatoires du *K-1 World Grand Prix* 2006. Il vient de battre Choi Hong Man, le géant coréen de 2,26 m. Il aura rencontré Semmy Schilt, l'actuel champion, pour le tour suivant lorsque cet ouvrage paraîtra. Je lui souhaite le meilleur. Dès qu'on aura d'autres combats prévus pour lui en MMA, on retournera en préparation spécifique.

DK : Lors du dernier *K-1*, sa défaite contre Peter Aerts a fait beaucoup de déçus.

BA : Oui, mais le plus déçu, c'était lui.

5/ ROYCE GRACIE

DK : Présente-nous Royce Gracie.

BA : En bref, c'est la personne par qui tout est arrivé. Il fait partie d'une « dynastie », la famille Gracie, l'inventeur d'une nouvelle technique de combat, qui est devenue le Jiu-Jitsu brésilien. C'est un expert de travail au sol. Il a gagné la toute première compétition de Free Fight, le premier *UFC* organisé par son frère Rorion le 12 novembre 1993, dans une cage conceptualisée par le réalisateur John Milius. C'est en le voyant que beaucoup de combattants actuels ont commencé : il pèse 80 kilos et a mis à mal des adversaires de presque 2 fois son poids.

DK : Sa légende est née de cela.

BA : Oui, au départ, on était dans une dimension martiale où nous pensions que les combattants les plus forts étaient ceux qui maîtrisaient les percussions comme les boxeurs, les thaïboxeurs ou les Kick-boxers. Là, on voit un combattant de 80 kilos en kimono entraîner tous ses adversaires, plus lourds que lui, au sol et les faire abandonner en 1 ou 2 minutes.

DK : En une année, il gagne 11 combats consécutifs par soumission.

BA : Ce fut une découverte pour tout le monde. Personne ne connaissait la dimension du travail au sol. Beaucoup pensaient au départ qu'il s'agissait de Judo parce que Royce Gracie combattait en kimono et parce que le Judo est le sport le plus populaire qui se pratique en kimono.

DK : Il gagne l'*UFC* 1, 2 et 4, mais perd contre Harold Howard à l'*UFC* 3 par KO technique.

BA : Tout à fait. Il avait fait un combat très éprouvant qu'il a fini par gagner contre Léopoldo Kimo, juste avant. Mais il était dans l'incapacité de combattre pour la finale. Il s'est quand même présenté dans la cage et a abdiqué sans combattre.

DK : Harold Howard est donc le gagnant de cet *UFC* ?

BA : Non, il a été en finale et a perdu contre Steve Jennum.

DK : A-t-il fait parler de lui ensuite ?

BA : Non, il s'est incliné 3 fois sur 4 rencontres.

DK : Revenons à Royce Gracie. À l'*UFC* 4, il gagne contre Ron Van Cliff par soumission, contre Keith Hackney et Dan Severn par triangle. Mais Ken Shamrock le stoppe lors du Super Fight à l'*UFC* 5, avec un match nul.

BA : Oui, à la suite d'un combat qui a duré 36 minutes.

DK : Un autre combat marquant de sa carrière, c'est celui contre Takada en 2000.

BA : Il gagne par décision. Ce combat marque son arrivée au *Pride*, lors du *Pride Grand Prix*.

DK : Mais l'homme qui l'arrête définitivement, c'est Kazushi Sakuraba, le 1er mai 2000 au *Pride Grand Prix*.

BA : Avec encore un combat d'anthologie qui a duré près d'1 h 30. La surprise totale de ce match a été que, pour la première fois, le coin Gracie a jeté l'éponge. Royce Gracie était à bout.

DK : Pourquoi dis-tu que c'est extraordinaire ?

BA : Les Gracie ont basé leur réputation sur le fait d'être les meilleurs au sol. Or Sakuraba est un expert du sol. Gracie a trouvé plus fort que lui à son jeu. Le fait que son équipe décide de jeter l'éponge montre qu'elle a dû admettre, avant même qu'il y ait soumission, que Sakuraba était plus fort que Royce.

DK : L'effondrement se lisait sur le visage de Royce Gracie. C'était une humiliation. Gracie a également affronté Hidehiko Yoshida. Ce combat a marqué les esprits. Peux-tu nous expliquer pourquoi ?

BA : Lors de ce combat, le 28 août 2002, Yoshida, champion olympique de Judo, était la star montante du *Pride* au Japon. Ce fut un choc en kimono avec des règles adaptées. Les coups étaient interdits. Tout le Japon attendait cet événement. Royce et Yoshida sont allés rapidement au sol et tout le monde s'est demandé si Royce serait capable de battre le champion olympique de Barcelone. C'est alors qu'il s'est passé quelque chose d'assez inattendu. Yoshida était sur Gracie et essayait de l'étrangler avec son kimono. Ce dernier attendait tranquillement que ça se passe, mais Yoshida s'est tourné vers l'arbitre en disant : « Il est étranglé, il est dans les vapes. » Je ne sais pas s'il était sûr de lui ou s'il cherchait à le faire croire à l'arbitre. On ne voyait pas le visage de Gracie, mais simplement sa main et son coude immobiles. L'arbitre a arrêté le combat et Royce, ne comprenant pas ce qui se passait, a poussé Yoshida. Or, quand on est dans les vapes, normalement on ne bouge pas, on ne peut pas avoir une réaction aussi vive. L'arbitre a donné la victoire à Yoshida mais les Gracie ont porté réclamation, le clan présent dans l'Arena est monté sur le ring. Finalement, le combat a été déclaré nul.

DK : À la fin du combat, les Gracie sont même montés sur le ring.

BA : Oui, parce que c'était un scandale ! Royce n'était pas étranglé, il attendait que Yoshida se relâche pour prendre une meilleure position.

DK : Il a ensuite gagné un combat au *K-1 Premium Dynamite* 2004 contre Akebono.

BA : Oui, il l'a battu en 1 minute et demi. C'est un combat de légende. Il n'y a que le *Pride* et le *K-1* qui proposent de tels combats : Royce Gracie, champion de Jiu-Jitsu brésilien, vainqueur de 3 *UFC* contre Akebono, Yokozuna, le plus haut grade pour un lutteur de Sumo.

Ensuite, une revanche a été organisée entre Yoshida et Gracie. Et, pour la première fois de sa carrière, Royce Gracie monte sur le ring sans sa veste de kimono. Les termes du contrat avant le combat étaient que s'il n'y avait pas de soumission ou de KO, le combat serait déclaré comme étant nul. C'est ce qui s'est passé. Pourtant, si une décision avait du être donnée, Royce Gracie aurait, sans aucun doute, remporté ce combat.

DK : Il l'a effectivement dominé de A à Z. Peux-tu nous parler maintenant du combat explosif contre Matt Hughes ?

BA : C'était le 27 mai dernier lors de l'*UFC* 60. Royce Gracie signait son grand retour à l'*UFC*. Il avait fait sa dernière apparition à l'*UFC* en juillet 1995. Depuis cette date, il n'avait pas combattu dans l'octogone. Il revient donc 9 ans plus tard pour y affronter le champion de la catégorie Welterweight, l'Américain Matt Hughes. Aujourd'hui, la plupart des combattants travaillent toutes les formes de combat, pied-poing, projection, sol... Royce Gracie, exceptionnel au sol, n'a pas beaucoup diversifié ses techniques pendant son absence. Il est resté le parfait combattant de sol qu'il était.

DK : Parle-nous du combat en lui-même.

BA : Ce fut assez rapide et, surtout, à sens unique. Matt Hughes a amené Royce au sol et celui-ci a subi une punition pendant 4 minutes et demi. Gracie n'a trouvé aucune ouverture. Matt Hugues a passé plusieurs fois sa garde et Gracie a abandonné sur des coups au visage. À aucun moment, Royce n'a pu se sortir de quelque situation que ce soit. La différence de niveau était impressionnante.

DK : Pour toi, Royce Gracie reste-t-il un des combattants de légende du Free Fight ?

BA : Oui, évidemment, c'est lui qui a mis le pied à l'étrier à la plupart des combattants actuels, en battant des athlètes plus lourds et plus forts que lui. On ne peut pas l'oublier. Il est en fin de carrière mais reste un combattant mythique. C'est une légende vivante.

DK : Que connais-tu de l'homme ?

BA : Je ne sais pas ce qu'il fait en dehors de ses combats. Mais, pour l'avoir vu plusieurs fois, c'est un homme qui a l'air assez calme et réservé. Je ne peux en dire plus sur sa personnalité. Je ne le connais pas suffisamment.

DK : Il dégage quelque chose de très particulier.

BA : Il a une attitude très posée, voire un peu hautaine. C'est une forme d'assurance. Il a beaucoup de charisme, je trouve.

DK : Cette attitude vient sûrement aussi de la mentalité du clan Gracie. Une hyper-intériorité, une froideur quasi-militaire.

BA : Oui, cela vient également de son éducation.

DK : Une légende dit qu'ils vivent tous en clan dans une grande propriété au Brésil…

BA : Non, ce n'est pas vrai. Les légendes, c'est pour les petits enfants. Royce vit aux États-Unis. Ils ont tous leur vie à droite et à gauche, au Brésil et ailleurs.

6/ FEDOR EMELIANENKO

DK : Parle-nous des débuts de Fedor, le « Dernier Tsar de Sibérie », celui que « personne ne bat ».

BA : C'est un Russe qui a pour spécialité le « combat sambo ». Il a été Judoka en équipe nationale de Russie. Il a un très bon niveau de projections, de saisie en kimono. Il a commencé sa carrière de Free Fighter à la *Rings*. Fedor a eu une progression assez nette sans surprise, avec des victoires sur des combattants connus, comme Ricardo Arona ou Renato « Babalu » Sobral. Il a quand même connu une défaite, l'unique, à la *Rings*, contre Tsuyoshi Kohsaka, combattant qu'il a ensuite battu au *Pride*, le *Pride* ayant organisé une revanche. Mais il est nécessaire de préciser qu'à la *Rings*, Fedor avait perdu à cause d'une blessure. On ne peut pas parler d'une véritable défaite.

DK : Revenons brièvement sur son passé. Il naît en 1976 à Rubenshnoe, dans la banlieue de Lugansk. Sa mère, Olga Fedorovna, est institutrice, son père, Vladimir Alexandrovich, ouvrier dans une usine de gaz et d'électricité. Fedor est le deuxième enfant de la famille. Il a une sœur et deux frères :

Alexander et Ivan. De 1995 à 1997, il effectue son service militaire et intègre une section réservée aux sportifs. Sa passion pour le combat lui a fait choisir le sambo et le Judo. Durant son service militaire, il continue son entraînement et prend même la troisième place d'un tournoi national de Judo. En 1997, il obtient un master de sport spécialité sambo. Deux mois plus tard, il gagne un tournoi international de Judo à Koursk et obtient un second Master de sport spécialité Judo. En 1998, il obtient un titre de Master de sport international spécialité sambo et se classe dans un tournoi international de classe A. Il devient recordman russe du nombre de médailles et obtient le bronze au tournoi national de Judo organisé à Stove, ainsi qu'une autre médaille de bronze aux championnats russes de sambo à Kaleningrad.

Plus tard, il devient champion poids lourd et médaille d'argent toutes catégories dans un tournoi interarmées. En 2000, il commence à travailler les techniques de poing et termine troisième dans un tournoi international de sambo. Il participe à un combat au sein de la Rings et devient en 2001, champion du monde catégorie poids lourd. En 2002, il devient champion du monde toutes catégories à la *Rings* et débarque au *Pride*. Contre Semmy Schilt.

BA : Oui, il le bat par décision.

DK : Il bat aussi Heath Herring et, dès ce combat, fait parler la poudre et surtout entendre le bruit si particulier de ses coups.

BA : Herring a beaucoup souffert contre Fedor, qui ne l'a pas laissé respirer un seul instant. C'est l'arbitre qui a finalement arrêté son calvaire suite à une coupure.

DK : Venons-en au combat historique contre Antonio Rodrigo Nogueira, Minotauro.

BA : Cela s'est passé au *Pride* 25, pour la ceinture poids lourd du *Pride*.

DK : Pourquoi lui met-on Fedor, qui est nouveau, comme adversaire ?

BA : Quand il arrive au *Pride*, il est champion de la *Rings*, il bat Semmy Schilt et écrase Heath Herring qui étaient les prétendants au titre. Heath Herring était dans le top 3 des poids lourds. En le battant, Fedor devenait le prétendant numéro 1 de la catégorie. Il était logique qu'il rencontre ensuite Nogueira pour le titre.

DK : Quelle était l'ambiance à l'époque ? Les gens penchaient plutôt pour qui ?

BA : Fedor apparaissait comme quelqu'un de très fort dans sa façon de frapper au sol, très agile, mais Minotauro a toujours réussi à se sortir de situations difficiles. Mais s'il y avait un combattant capable de battre Minotauro, cela ne pouvait être que Fedor. Cependant rien n'était joué d'avance. Tout le monde pensait que les techniques de sol de Minotauro étaient imparables. Jusqu'à cette rencontre, aucun combattant ne lui avait résisté. On ne pouvait pas imaginer ce qui allait se passer.

DK : C'était un combat très important, pour le titre et pour la ceinture, extrêmement convoitée, des poids lourds du *Pride*.

BA : Oui. Le combat a duré jusqu'à la décision des juges, avec, toutefois, une domination de Fedor. Le plus surprenant a été de voir Minotauro dans l'impossibilité de verrouiller une seule technique au sol. Il était pourtant considéré comme le combattant le plus performant, habile, le plus doué au sol dans cette catégorie.

Le combat s'est quasiment déroulé au sol et Minotauro a été dominé. Découvrir Fedor frapper au sol a aussi été un choc réel. Dans cette position, généralement, les coups sont beaucoup moins percutants que debout. Mais Fedor a une façon de se placer qui lui permet d'asséner des coups lourds, d'une grande puissance, avec tout le poids de son corps. Il a touché Minotauro à plusieurs reprises et a remporté la victoire. Avant ce combat, Fedor était présenté comme un *striker*. Et là, on a vu un athlète extraordinaire au sol. La même année, il atomise Gary Goodridge le Canadien et Kazuyuki Fujita. En 2004, l'année du *Pride* « Grand Prix Heavyweight », il se défait successivement de Mark Coleman sur un jujigatame inoubliable et Kevin Randleman grâce à une kimura, une clé de bras.

DK : Ce combat est rapide : 1 minute et demi, mais il faut en parler. Fedor se fait saisir et prend le pion de sa vie. Randleman l'a arraché du sol sur une prise qui s'appelle Ura nage, et l'a jeté derrière. Fedor a atterri sur la nuque. Tout le monde a pris peur. Fedor s'est relevé et a enchaîné pour faire une kimura à Randleman. Sur cette chute, n'importe qui serait resté sur le carreau. Ça a été le slam de l'année !

BA : Surtout que depuis le combat contre Fujita, les gens pensaient que Fedor n'était pas un gros encaisseur. Contre Fujita, il a pris un coup qui l'a fait vaciller. Mais il s'est ressaisi très rapidement pour l'étrangler. Fujita est un gros frappeur et quand on a vu Fedor vaciller, on s'est dit : « C'est bon, cet homme est humain ! » Je me demande si c'est vraiment le cas. Non seulement il prend des coups et il résiste, mais en plus il revient à la charge et sort de situations incroyables en quelques secondes.

DK : J'ai le sentiment que le combat contre Fedor a été fatal à Randleman. Il n'est plus jamais vraiment revenu depuis.

BA : C'est juste, il a subit 3 défaites par la suite. Mais je pense que Fedor n'y est pour rien.

DK : Peux-tu nous parler du combat contre Naoya Ogawa ? Celui-ci joue la provocation et le combat s'électrifie dès le départ.

BA : Oui, mais il fait ça avec tout le monde. En l'occurrence, il s'agissait du champion en titre et Ogawa, pour les connaisseurs, n'avait aucune chance de faire trembler Fedor. D'ailleurs, le combat n'a pas duré une minute. Ogawa a pourtant été 4 fois champion du monde de Judo. On est décidément sur une autre planète.

DK : C'était lapidaire, quasimédical. Ensuite, Fedor se retrouve en finale du *Pride* « Grand Prix Heavyweight » 2004, face à Nogueira. Et le combat est déclaré nul.

BA : « No contest », pour être précis. Fedor s'est blessé accidentellement. Il est tombé, a pris le genou de Nogueira en allant au sol. Ce coup lui a ouvert l'arcade et la blessure était trop profonde pour qu'il puisse continuer. Il y avait trop de sang. Ils ont arrêté le combat. Comme c'était une finale pour le titre, les juges ont déclaré le combat « no contest ». Le match a été rejoué le 31 décembre lors du *Pride Shockwave.*

DK : Que se passe-t-il lors de ce 31 décembre ?

BA : La même chose que lors de la première rencontre...

DK : Mais en pire...

BA : Voilà ! Même configuration de combat sauf que Minotauro a pris un peu plus de coups au sol. Là, on s'est dit que Minotauro ne pourrait jamais battre Fedor.

DK : D'ailleurs, on sent une forme de fatalité dans le regard de Minotauro à la fin du combat. Il avoue que Fedor a une puissance de percussion exceptionnelle.

BA : On sentait vraiment Minotauro impuissant face à Fedor. Il a vraiment tout essayé et rien n'est passé.

DK : 2005 était l'année des règlements de compte pour Fedor. Il fait un autre combat extraordinaire. Contre Kohsaka, qui était jusque-là le seul combattant ayant réussi à le battre. Une victoire à l'époque très discutée puisque Fedor avait été blessé dès le début du combat et avait abandonné pour se préserver. Kohsaka a été arrêté avec une nette domination de Fedor.

BA : C'est bien entendu sans surprise que Fedor remporte ce combat contre le très brave Kohsaka. Personne n'aurait misé sur le Japonais, parce qu'il était évident que Fedor dominait cette catégorie.

DK : Ils arrêtent également le combat sur blessure.

BA : Les arbitres et les médecins ont pris la bonne décision. Kohsaka ne pouvait continuer le combat après les coups de Fedor. L'état de son visage après le combat a plus de valeur analytique que tout commentaire.

DK : Maintenant, avant d'évoquer le *Pride* absolu, l'*Open Weigh*t, j'aimerais que tu nous parles de ce face-à-face avec Mirko Cro Cop, qui était attendu comme le « combat du siècle ».

BA : C'était le combat du siècle, il n'y a pas de doute.

DK : Pourquoi ?

BA : Parce que l'on ne pouvait imaginer trouver un adversaire capable de rivaliser avec Fedor et on s'est dit que Mirko Cro Cop pouvait être « l'Élu » ! Avec ses armes, il avait peut-être les moyens de toucher Fedor. Pourquoi ? Parce qu'on connaissait l'expérience de Fedor, touché par un seul coup de Fujita. On pensait que s'il prenait un coup au visage, il pouvait tomber. En ce qui concerne les coups, Cro Cop est le plus qualifié dans cette catégorie, surtout avec une jambe gauche aussi puissante que la sienne. La jambe gauche la plus puissante de la planète. Et la plus rapide.

DK : On dit que la jambe de Mirko est un missile. D'ailleurs, c'est toi qui fais un lapsus dans les commentaires. Tu dis « missile » au lieu de « coup » en parlant de sa jambe.

BA : Ce n'était pas un lapsus, c'est bien l'image que je voulais utiliser pour décrire sa vitesse de frappe.

DK : Oui, mais tu l'as dit spontanément. Les jambes de Cro Cop sont vraiment des missiles sol-air.

BA : Oui, et c'est le cas. Je connais plusieurs personnes qui peuvent en témoigner.

DK : Il est fort en percussions, mais se défend également bien au sol. Pourquoi penses-tu qu'il n'y a, à ce moment-là, que Cro Cop qui puisse battre Fedor ?

BA : Parce que Fedor a battu tous ses adversaires et qu'il en est de même pour Mirko. Ce dernier a également énormément travaillé ses défenses de *take down*, ce qui rend très difficile pour ses adversaires de l'emmener au sol. Sa seule « faiblesse », c'est le sol. Donc, si Fedor ne parvenait pas à amener Cro Cop au sol pour lui faire ses *ground and pound*, cela aurait été très difficile pour lui.

En fait, Fedor s'est révélé être plus fort que Cro Cop debout. C'était stupéfiant, on a senti que la préparation de Fedor était exemplaire. Il a travaillé toutes les situations, il a étudié Cro Cop à la loupe et a travaillé toutes les défenses possibles face à lui. Je suis allé en Hollande, à cette époque, pour interviewer Fedor avant ce combat et j'ai vu son entraînement.

DK : Tu as été impressionné ?

BA : Oui. Je me suis dit qu'il serait très difficile pour Cro Cop de trouver l'ouverture. Fedor a travaillé son combat très intelligemment.

DK : Il l'a préparé à la *Golden Glory*, en Hollande ?

BA : Non, il l'a préparé avec Yohan Vos.

DK : Ce combat était plus qu'attendu par les fans du *Pride*. C'était le nouveau Tyson-Lewis. Le choc des titans. Ce combat sentait d'autant plus la poudre, et là, je parle pour les fans, parce que Fedor s'est perfectionné en sambo à l'armée russe, dans les camps militaires, et Cro Cop a également été militaire.

BA : Fedor ne s'est pas perfectionné à l'armée russe. Il s'est entraîné à l'armée, mais a travaillé dans des clubs au départ. L'armée ne permet pas de perfectionner des techniques de compétition. Ce sont des images qui sont prises par le *Pride* pour romancer. Cro Cop non plus n'a pas vraiment amélioré ses techniques à l'armée. Il a été militaire, ancien commando antiterroriste croate. Il faisait partie de l'*ATJ Lucko*. Mais le *Pride* utilise des images parce qu'elles font vendre. La réalité n'est pas celle-là.

DK : Durant ce combat, Cro Cop a été rapidement essoufflé.

Il avouera par la suite s'être senti « cramé » dès la fin du premier round.

BA : Il faut savoir que dans un combat, il y a bien sûr le combat physique, mais, derrière, il y a aussi la dimension psychologique. Cro Cop ne trouvait pas de solution. Il a tenté plusieurs fois des high kicks, Fedor a tout bloqué, rien n'est passé. Et il a dû se dire : « Comment faire pour trouver l'ouverture et le battre ? » Cette question est quasiment permanente et elle se lit sur son visage, ainsi que toute son impuissance. Fedor avançait sans cesse sur lui, tel un bulldozer.

DK : Cro Cop a non seulement des jambes, mais aussi des poings extraordinaires. Et il s'était également préparé avec le champion du monde de Jiu-Jitsu brésilien.

BA : Avec Fabrizio Verdum, il a travaillé les techniques de sol et les défenses de *take down*. J'ai commenté ce combat, et il me semble avoir dit à quel point j'étais conscient de la supériorité de Fedor sur Cro Cop. J'étais persuadé que Fedor allait gagner parce que j'avais pu voir sa préparation. Je savais que Fedor avait les armes non seulement pour résister à Cro Cop debout, mais aussi pour l'amener au sol. Et ça n'a pas loupé. Je m'explique. Tous les combattants de Free Fight ou presque travaillent les amenés au sol de lutteur : on va chercher les jambes pour amener le combat au sol. Cro Cop s'entraînait avec Verdum, un combattant qui travaille les amenés au sol par le bas, en cherchant à attraper les jambes. Mais Fedor n'est pas un lutteur mais un Judoka et un samboïste. Le Judoka ne va pas chercher à amener au sol par les jambes. Il reste debout, saisit en haut et amène au sol par ses propres jambes, c'est-à-dire avec des techniques de crochetage ou de fauchage jambe-jambe. Cro Cop n'en a pas tenu compte. Je savais exactement que Fedor réussirait à emmener Cro Cop au sol, même s'il avait une solide défense de *take down* de lutteur. Face à un Judoka qui travaille les techniques de projections par les jambes, Cro Cop n'était pas préparé.

DK : Après ce combat, tous les fans de Cro Cop ont été un déçus par la domination de leur idole, même si aujourd'hui Cro Cop dit avoir conscience des erreurs commises et qu'il est plus prêt que jamais à prendre sa revanche.

BA : Il n'y avait aucun doute possible sur la décision. Après ce combat, la grosse question était : « Qui peut battre Fedor ? » Il est devenu, incontestablement, le combattant le plus fort du monde.

DK : D'ailleurs c'est ce que tu dis après le combat.

BA : Oui, et tous les spécialistes le disent également. Et aujourd'hui, on ne sait toujours pas qui peut battre Fedor.

DK : Comment a réagi Cro Cop après le combat ?

BA : Il n'a pas eu d'autre choix que d'accepter la défaite. Une réelle et profonde déception. Il a été dominé sur tous les secteurs. Mais depuis sa victoire au *Pride* Grand Prix 2006, il semble encore en mesure de revenir sur les traces de Fedor.

DK : Pour la petite histoire, vous aviez fait venir Fedor en France pour un stage, et nous avons organisé une rencontre entre lui et Maurice G. Dantec. Dantec voulait le rencontrer depuis longtemps. Il ressent un amour profond pour la Russie et il a eu un coup de foudre pour Fedor, qu'il trouve extraordinairement russe. Pour lui, Fedor est comme le baroud d'honneur de la Russie, comme si la gloire de l'ancienne grande Russie renaissait à travers cet homme. Et là, le slogan du *Pride* « Un sur six milliards », prend tout son sens.

BA : Tout à fait, c'est l'homme le plus fort du monde.

DK : Fedor est un homme très humble, un peu timide, très touchant. En le voyant, on ne peut pas imaginer que c'est un tel champion. Il pourrait presque être le candidat idéal à l'agression d'un excité de boîtes de nuit.

BA : Il n'a pas la tête de l'emploi. Ce n'est pas comme Wanderlei. Quand tu vois Fedor, tu ne peux jamais imaginer les dégâts qu'il est capable de réaliser sur un homme.

DK : Ensuite, Fedor rentre en Russie et se prépare à rencontrer un géant brésilien le 31 décembre.

BA : Pas grand-chose à dire. Le combat a duré 25 secondes. Il est arrivé en sous-estimant Fedor. Le seul truc à raconter, c'est que Zuluzinho se comportait avant le combat comme s'il allait rencontrer n'importe qui. Son coin lui disait même de faire attention et de prendre le combat un peu plus au sérieux. Lui disait qu'il n'y avait pas de problème. Fedor ne l'inquiétait pas.

DK : C'est assez inconscient.

BA : Oui, parce que Zuluzinho est une masse de 180 kilos. Résultat, 25 secondes pour une exécution programmée.

DK : Fedor s'est fait opérer ensuite ?

BA : Oui, parce qu'il avait une blessure à la main à la suite du combat contre Cro Cop. Je lui souhaite un prompt rétablissement.

7/ MIRKO « CRO COP » FILIPOVIC

DK : Mirko Filipovic, dit Cro Cop, est né le 10 septembre 1974 en Croatie. C'est un célèbre Kick-boxer qui évolue maintenant dans le circuit du combat libre. Il fait partie des combattants qui ont connu la gloire dans le circuit *K-1* et dans le circuit du Free Fight.

BA : Il a, en effet, débuté au Japon au *K-1* et a même été finaliste d'un grand prix. C'est vraiment un combattant très fort en pied-poing, qui s'est mis dans le circuit du combat libre, au départ, sans arme au sol. Et il s'est révélé dangereux très rapidement.

DK : 1,88 m pour 103 kilos. Son surnom, « Cro Cop », vient de sa nationalité et de son passé de policier. Il vient du Kick-boxing et est particulièrement à l'aise dans les phases debout. Mais il a aussi beaucoup progressé au sol.

BA : Oui, il s'est mis au Free Fight et a donc commencé à travailler les techniques nécessaires pour être fort dans cette nouvelle discipline.

DK : Il est mondialement connu pour son fameux high kick du gauche.

BA : Oui, il a une jambe gauche qui est très rapide…

DK : … et très lourde.

BA : Très puissante. Il est aussi très souple. Elle part vite et frappe fort. Généralement, quand il te touche, tu dors !

DK : Peux-tu nous parler de son histoire au *K-1* ? Avant, il faut peut-être évoquer aussi son enfance, qui est sûrement déterminante pour sa carrière.

BA : Je ne connais pas son enfance. Je n'ai pas envie de reprendre ce qui est présenté au *Pride* parce que je ne sais pas si c'est la vérité. Je n'y fais pas attention parce que je sais qu'ils montent les histoires de toutes pièces.

DK : Quand le *Pride* évoque le personnage de Mirko Filipovic, il raconte effectivement son enfance : celle un solitaire qui s'est entraîné dans son garage, au départ, avec un haltère de fortune. Il a vu un grand nombre de ses amis mourir pendant la guerre de Bosnie, à l'instar de son père, ce père qui était son idole. Les ravages de cette vie semblent l'avoir immunisé contre les pièges du simulacre de la célébrité, lui avoir inoculé la force de monter, avec cette détermination-là, sur un ring. C'est de ces épreuves qu'il tire son énergie et sa rage de vaincre. Il a dit un jour qu'il voulait devenir le symbole du *Pride*. Vu sa vie et son passé, on sent une envie presque panique d'accomplir la tâche qu'il s'est fixée. Se battre pour ne pas mourir, ne jamais oublier le drapeau croate piétiné et afficher ses couleurs sur son short. Une envie secrète, irréelle, terrible de parvenir au sommet brûle en cet homme. Lorsqu'il a vaincu au *Pride* GP 2006, le public assistait aux larmes de cet homme moitié titan, moitié enfant. D'une certaine façon, je sens cet homme séparé du reste du monde. L'enfant qu'il était réapparaît parfois sur quelques vidéos prises en backstage, mais la glace revient vite occuper le champ dévasté de son regard. On sent les rapides et précipices que cet homme a dû affronter dans sa vie et à quel point il a dû dépasser les cratères creusés autour de lui. En cela, il incarne véritablement le mythe du surhomme, accroché aux falaises du réel, les yeux dirigés vers le soleil. Ce soleil qu'il est en train de devenir. Et le *Pride*, qui veut dire « fierté », lui va comme un gant. Il parle assez peu en interview, accorde rarement des séances photos. Avant son combat contre Josh Barnett, il avait d'ailleurs lancé au journaliste : « *He talks too much* », il parle trop.

BA : Oui, c'est vrai.

DK : Barnett faisait son signe, comme s'il allait lui couper la gorge.

BA : Ce signe est la signature de Barnett. C'est sa manière de défier. Ce geste peut paraître ultra violent, mais lorsque que vous connaissez l'homme, vous comprenez très vite que tout ça c'est du cinéma.

DK : Pourquoi cette fascination unique autour de Mirko Cro Cop ?

BA : Parce que c'est une machine à KO. Sur un seul coup, il vous envoie au tapis. Les fans aiment les personnages expéditifs à la Tyson, Wanderlei, les combattants assez radicaux dans leur façon de combattre. Il y a toujours une fascination autour de ces gens-là. La capacité à pouvoir anesthésier un athlète en un seul coup. Mirko est également un personnage dans son attitude. Il a été député au parlement de Croatie. Il a une casquette politique. Cela façonne aussi le personnage.

DK : Il a même été reçu par le Premier ministre japonais.

BA : Oui.

DK : Aujourd'hui, il a abandonné son mandat pour revenir sur le *Pride*. Cro Cop est un personnage authentiquement fascinant. C'est le Croate dur dans toute sa splendeur et en même temps, on sent une vraie humanité chez lui.

BA : Je ne sais pas si on peut vraiment parler d'humanité. Il n'est jamais présent aux conférences de presse. De tous les combattants, c'est celui qui est le plus en retrait. Pendant les événements, tout le monde est un peu mélangé, mais lui reste à part.

DK : Il est dans une sorte de sphère imperméable.

BA : Oui, comme s'il ne faisait pas partie de ce monde-là. C'est vrai qu'il est très sollicité par les fans au Japon. Il reste dans sa bulle, loin de tous.

DK : Tu veux dire que tu sens une forme d'arrogance, de prétention ?

BA : Disons que j'ai pu interpréter cela comme ça, oui, de la prétention et de l'arrogance. Il est sûrement très sympathique au fond, mais je sens une certaine supériorité affichée. Je l'admire en tant que combattant, mais je ne connais pas la personne. Voilà, simplement, l'impression qu'il me donne.

DK : On ne peut pas nier que cet homme a quelque chose d'unique dans le regard, l'attitude, le karma.

BA : Encore une fois, je l'aime bien en tant que combattant. Il est très fort. Mais à mes yeux, il n'y a rien d'autre que je puisse décliner de ce que j'ai pu voir. Fedor, lui, est plein d'humanité.

DK : Cro Cop dégage quelque chose de plus dur que Fedor, en effet. Il faisait partie de l'ATJ Lucko, forces spéciales en Croatie, un commando antiterroriste. Cette image lui colle sans doute encore à la peau. Dans sa carrière, il y a le *K-1* évidemment, et quelques victoires historiques, dont celle contre Bob Sapp.

BA : Selon moi, la victoire contre Bob Sapp n'est pas historique. C'est juste une victoire face à un homme qui n'avait pas les armes pour lui résister malgré ses 2,02 m pour 165 kilos.

DK : Dès son arrivée au *Pride*, il a dit vouloir devenir le symbole du *Pride*, son rêve étant de remporter la ceinture poids lourd. Il veut être le seul transfuge du *K-1* qui gagnera une ceinture au *Pride.*

BA : Il a réussi son rêve en partie. Il a gagné l'*OWGP,* mais Fedor était absent. Sa victoire n'a pas la même saveur sans Fedor même s'il a fait un tournoi parfait. Il a vraiment été très fort.

DK : Il n'a jamais gagné de titre au *K-1.* Et il a été stoppé par Fedor au *Pride.*

BA : C'est un peu comme Jérôme Le Banner, sauf que Jérôme a gagné des titres de champion du monde de Kick-boxing et de Boxe thaï.

DK : Cro Cop a aussi été champion, mais ce ne sont pas des titres. Quand tu combats au *K-1*, le champion est le vainqueur du *K-1* Grand Prix.

BA : Lui et Jérôme partagent cela. Ce sont des combattants monumentaux, mais il n'ont jamais gagné de titre au *Pride* ou au *K-1.*

DK : Cro Cop a eu une ascension assez fulgurante. KO sur KO, avec une technique extrêmement élégante.

BA : Très fluide et très propre.

DK : Il y a un combat clé selon moi, même si c'est une défaite.

BA : Contre Kevin Randleman.

DK : C'est une défaite clé, parce qu'elle le mène à une forme de dépression, qui encore une fois, servira de détonateur.

BA : Il rencontre Randleman qui semble être une formalité pour lui. Mais il prend un crochet qui l'envoie au tapis. Randleman enchaîne au sol. Cro Cop est KO en moins de 2 minutes. Ça a été un véritable séisme au *Pride* et dans le monde entier. Personne ne s'y attendait. Il était en ascension pour aller chercher une ceinture et il se fait stopper par Randleman, un combattant qui n'est pas dans le top 5 des poids lourds. On sent derrière un désir de revanche et surtout de remonter dans l'estime du public. Le *Pride* suit en lui faisant enchaîner des combats très rapidement. Cro Cop doit rapidement remonter dans la hiérarchie des combattants.

DK : Le *Pride* décide de le mettre un peu en retrait. Il affronte des combattants de moindre valeur que ceux qu'il avait connus jusque-là. Il prend Kanehara.

BA : Cela se passe au *Pride Bushido* 3, il aurait pu battre Kanehara très vite, en 1 minute. Mais il ne l'a pas pris au sérieux. Et quand on a ce genre d'attitude, ce n'est jamais payant. Il a pensé qu'en lui mettant un coup, l'autre tomberait. Mais Kanehara est un adversaire comme un autre, il est venu défendre sa peau et c'est ce qu'il a fait. Finalement, on a vu un Cro Cop face à un Kanehara qui ne lui arrive pas à la cheville, mais le combat va jusqu'à la décision. Cro Cop l'emporte, mais sans gloire.

DK : On aura tout de même une petite pensée pour Kanehara et tout ce qu'il a pris en 10 ans. C'est sans doute le combattant de MMA qui a reçu le plus de coups violents.

BA : La seule chose à dire à Kanehara après ce combat, c'est : félicitations !

DK : Il a très bien résisté.

BA : C'est sûr que face à Cro Cop, il ne s'est pas démonté. Il a beaucoup pris de coups durant sa carrière, mais il n'a combattu que contre des combattants impressionnants. Il se bat contre des grands, donc au final, c'est normal : Nogueira, Matt Hughes, il a perdu contre Wanderlei Silva, Overeem, Shogun, Cro Cop. Il a beaucoup de défaites : 15 pour 10 victoires.

DK : À cette époque, on sent que Cro Cop traverse des périodes difficiles. Il se laisse un peu pousser la barbe, en interview on le sent noir, très noir et déconnecté. D'ailleurs, il le dit lui-même. Cela a été une période très difficile pour lui, une période de remise en question.

BA : Oui, parce que, quand on est fier comme lui, une défaite est très mal vécue. D'autant plus que ce n'était pas face à une tête de série. Qu'il perde contre Fedor, soit, mais contre Randleman, je pense qu'il a dû le vivre comme une réelle contre-performance.

DK : Oui, mais le style rentrant de Randleman s'adapte mal à Cro Cop, qui cherche souvent la distance.

BA : Randleman est très fort. Ce n'est pas n'importe qui. Il ne faut prendre personne à la légère. Et Cro Cop est un combattant qui, parfois, peut sembler prendre ses adversaires à la légère en adoptant une attitude un peu détachée sur le ring.

DK : Pour son avant-dernier combat, il a affronté le Japonais Minowa. Là, par exemple, on le sent assez détaché, en effet.

On sent que son exclusive ligne de mire s'appelle Fedor.

BA : Oui, alors que Minowa a battu des combattants très forts. Il peut être dangereux. On sent que Cro Cop prend ce combat comme une formalité, on le sent déjà sur l'idée de son prochain combat. L'adversaire doit se sentir étrangement seul sur le ring (*rires*).

DK : Après le combat contre Randleman, il vit une forme de rédemption : il rachète en sueur son droit de tutoyer les sommets du *Pride* à travers plusieurs combats, notamment au *Bushido*.

BA : Cro Cop est l'un des fers de lance du *Pride*. Il a énormément de fans au Japon. Donc sa défaite avait été très difficilement vécue. Le *Pride*, en lui offrant de nombreux combats, lui a permis de se racheter rapidement auprès du public. Aucun autre combattant n'a eu autant de combats à cette période.

DK : Suite à sa défaite contre Randleman, il rencontre Kanehara au *Bushido*. Ensuite, il combat contre Shungo Oyama, puis le 15 août 2004, il affronte Alexander Emelianenko, le frère de Fedor.

BA : Oui, Cro Cop gagne en 2 minutes. Il l'a envoyé au tapis avec son arme secrète. Le high kick du gauche, mais ce n'était que le troisième combat d'Alexander au *Pride*. Fedor assistait au combat dans son vestiaire. Il avait l'air remonté contre Cro Cop. La scène était filmée et c'était la première fois qu'on découvrait Fedor en état de colère. Au *Bushido* 1, Alexander a battu Assuerio Silva et Matt Foki au *Bushido* 3, puis il perd contre Cro Cop. C'était donc ses débuts dans le circuit.

DK : Que se passe-t-il après sa victoire contre Alexander ?

BA : Il bat Josh Barnett, ancien champion poids lourds de l'*UFC* et nouvelle tête d'affiche du *Pride*, puis prend sa revanche contre Randleman. Il l'étrangle jusqu'à faire saigner le nez de Randleman. C'est d'ailleurs la première fois qu'il gagne un combat par soumission. Il bat Randleman au *Pride Shockwave*, le 31 décembre 2004, puis c'est au tour de Coleman par KO en février 2005.

DK : Le combat était millimétrique, d'une précision chirurgicale. Coleman a dit à quel point il avait été impressionné par Cro Cop. Il le pronostiquera vainqueur lors du choc contre Fedor. Selon lui, Cro Cop est beaucoup plus dangereux que Fedor.

BA : Coleman a été très impressionné par le Croate. Ensuite, il bat Magomedov, avant de perdre contre Fedor.

DK : Le combat était lapidaire.

BA : Un combat comme il sait les mener. Il lui met un middle-kick d'une précision chirurgicale.

DK : Tout le monde attend une revanche Cro Cop/Fedor.

BA : Oui, maintenant, c'est le match que tout le monde attend. Cro Cop a vraiment été très impressionnant au Grand Prix. Sincèrement, je pense que, ce jour-là, il était invincible. Il a vécu un sorte d'état de grâce. Il a vaincu Wanderlei Silva dans la toute première reprise et a, par la suite, géré Barnet comme il se doit, pour un finish en beauté. KO dans la première reprise. Du grand art.

8/ HIDEHIKO YOSHIDA

DK : Hidehiko Yoshida est né le 9 mars 1969 et a été champion olympique de Judo à Barcelone en 1992. En tant que Judoka, quel regard portes-tu sur ce combattant ?

BA : C'est un superbe Judoka. Il était dans ma catégorie, donc un concurrent direct, bien que nous ne nous soyons jamais rencontrés. Je l'ai vu pour la première fois à la coupe Kano, compétition très réputée qui se déroulait à Tokyo tous les 4 ans, en 1990. J'étais numéro un français à l'époque. Le niveau de cette compétition était supérieur à celui des championnats du monde. Il y avait 4 Japonais dans chaque catégorie et des représentants des meilleures nations du monde. C'était vraiment le tournoi de Judo le plus prestigieux avec le tournoi de Paris. Yoshida a gagné cette coupe en battant Moshida, un ami également. Moi, j'ai été éliminé en quart de finale. C'était la première fois qu'on découvrait Yoshida et 2 ans plus tard, il est devenu champion olympique.

DK : Il a déclaré : « Je n'ai jamais songé particulièrement aux jeux Olympiques avant la troisième année d'université. J'étais surtout braqué sur tous les matchs que je voulais remporter. Toute mon énergie était concentrée sur mon désir d'occuper la première place au Japon. » Finalement, lorsqu'il arrive aux JO, il a cette obsession de la victoire.

BA : Aux Jeux, il gagne ses 5 combats par ippon. Il a effectué un parcours exemplaire. Personne ne peut lui contester son titre. Il a été de loin le plus brillant.

DK : Il a souvent été présenté pour endosser des rôles d'instructeurs dans les équipes nationales.

BA : Souvent, les fédérations ou les grands clubs demandent aux champions olympiques ou aux champions du monde de faire une carrière d'entraîneur.

DK : As-tu déjà été soumis, en compétition officielle, dans ta carrière de combattant ?

BA : Oui, une fois.

DK : Je crois que cela n'est jamais arrivé à Yoshida.

BA : Il s'est aussi pris des taules. Mais en Judo, cela n'a pas le même sens qu'en MMA. C'est vraiment une nation qui change en fonction des disciplines. Subir une clé ou un étranglement est différent de subir un ippon. Il y a une autre recherche derrière le Judo, discipline dans laquelle on ne cherche pas à éviter la soumission.

DK : Yoshida a également soumis Don Frye et Mark Hunt par clé de bras. Il a affronté Wanderlei et n'a pas démérité. C'était sa première défaite par décision.

BA : Il a fait 2 combats contre Wanderlei Silva et a perdu par décision. La seconde fois, il a mené une vraie bagarre, a échangé les coups contre le Brésilien. Il a fait preuve d'énormément de courage pour quelqu'un qui ne maîtrise pas cette distance de combat. Face à Wanderlei, tout le monde pensait qu'il allait prendre un KO rapidement, mais il a mené le combat jusqu'au bout. Ce fut certes une défaite, mais une défaite qui l'a grandi aux yeux du public japonais et de tout le milieu du MMA.

DK : Son premier combat de MMA a eu lieu au *Pride* 23, contre Don Frye. Il a affronté également Masaki Satake, et soumet ensuite Tamura, l'élève de Takada.

BA : Ce n'est pas un combattant qui gagne par KO. Il est judoka, toutes ses victoires se font par soumission.

DK : Il y a ensuite la fameuse victoire, dont on a déjà parlé, qui devient un match nul contre Royce Gracie au *Pride Shockwave*, le 31 décembre 2003.

BA : Sur ce combat, il n'y a pas de domination. Ce n'est qu'au deuxième combat que Gracie domine largement.

DK : Le 20 juin 2004, il bat Mark Hunt au premier round. Puis il perd contre Rulon Gardner.

BA : C'était une affiche montée par le *Pride* afin d'organiser une rencontre entre un champion olympique de Judo et un champion olympique de Lutte. Mais Yoshida n'a vraiment pas fait un beau combat.

DK : C'est étrange, on ne voit plus Rulon Gardner au *Pride.*

BA : Non. Mon ami Ghany Yalouz, qui le connaît très bien, m'a révélé qu'il ne désirait plus combattre en MMA. Il a fait ce combat parce qu'on le lui a proposé, c'était un défi, mais il ne s'est pas senti à l'aise dans l'exercice, assurément.

DK : Cela se voit d'ailleurs pendant le combat. Suite à ce match, Yoshida subit sa seconde défaite contre Wanderlei Silva, le 23 avril 2005. Puis, il gagne contre Tank Abott. Parle-nous de ce combat.

BA : C'était un peu bizarre. De l'extérieur, j'ai sincèrement eu l'impression que c'était un combat arrangé. Tank Abbott a l'habitude d'envoyer des coups, on connaît son punch. Et là, il n'a pratiquement rien tenté, il s'est laissé entraîner dans le jeu de Yoshida pour perdre par étranglement.

DK : Penses-tu qu'il y ait déjà eu des combats arrangés au *Pride* ?

BA : Je ne pense pas.

DK : Quand tu dis que tu as ce sentiment, cela veut-il dire que tu as de vrais doutes ?

BA: Je dis juste que Tank Abbott ne combat pas comme à l'accoutumée. Il est aussi possible qu'il ait accepté le combat sans être prêt. Je ne vois pas Yoshida aller vers un combat biaisé contre Tank après avoir fait la guerre à Wanderlei.

DK : Ensuite, Yoshida a battu Ogawa. Mais je n'ai pas l'impression que ce soit un combattant que tu estimes.

BA : Il est très arrogant. Je l'ai rencontré pour la première fois lors de cette fameuse coupe Kano. Ogawa était en finale contre David Douillet. Il l'a battu et durant la conférence de presse, après le tournoi, il a déclaré n'avoir utilisé que 20 % de ses capacités et qu'il aurait dû battre David par ippon. Ce tournoi a marqué la première grosse performance de David. Ogawa a toujours eu cette attitude un peu arrogante, il cherche à dénigrer ses adversaires. Pour moi, il n'est pas représentatif, un champion doit respecter la personne qu'il va combattre, c'est la seule manière d'être réellement reconnu.

DK : Yoshida bat ensuite Yosuke Nishijima grâce à un triangle.

BA : Nishijima est un Boxeur. Juste avant ce match, il avait fait un superbe combat contre Mark Hunt, mais avait finalement perdu par KO à la troisième reprise. C'est pour cette raison qu'on lui a offert ce combat contre Yoshida. Malheureusement, il a eu moins de moyens pour défendre ses chances contre le judoka. Le style de Mark Hunt était plus adapté à ses qualités de puncheur.

DK : Peut-on dire que Yoshida est l'incarnation même du samouraï ?

BA : Il fait partie de la race des samouraï, en effet.

9/ RANDY COUTURE « THE NATURAL »

DK : Randy Couture est né le 22 juin 1963 à Lynnwood, dans l'État de Washington. C'est un ancien combattant de Lutte gréco-romaine, qui est devenu très célèbre en MMA. Il est surnommé *The Natural*. Il fait partie de la Team Quest, une équipe de combattants basée à Grisham dans l'Oregon. Il a 43 ans et vit actuellement à Las Vegas. Il fait partie des plus âgés, mais surtout des plus talentueux combattants de Free Fight. De par son passé de lutteur, Couture est spécialisé dans le *ground and pound*, technique de combat dans laquelle on utilise sa Lutte pour amener l'adversaire au sol pour le frapper. Le 24 juin 2006, lors de la finale de l'émission *The Ultimate Fighter 3*, diffusée sur la chaîne Sky TV, Couture est devenu le quatrième combattant de MMA de l'histoire à être introduit au Hall of Fame de l'*UFC*, après Royce Gracie, Dan Devern et Ken Shamrock.

BA : Je le respecte énormément parce que c'est un champion très humble. Il est l'incarnation même du champion intelligent et disponible. Il a la tête sur les épaules et a mené une superbe carrière. C'est un vrai champion, il n'y a pas d'autre mot.

DK : Son parcours commence à l'*UFC* contre Tony Ham, qu'il bat par soumission. Ensuite, en 1997, à l'*UFC* 13, il affronte Steven Graham et gagne sur une percussion. Il enchaîne sur plusieurs victoires contre Vitor Belfort, à l'*UFC* 15 et Maurice Smith, à l'*UFC Japan* 1, et connaît sa première défaite contre Enson Inoue.

BA : Il perd par clé de bras, en effet.

DK : Il fait ensuite un parcours à la *Rings*, où il gagne un combat contre Kevin Randleman par TKO. Il bat également le fameux Kohsaka, le frère d'Alistair Overeem, Valentin, puis perd en 2001. Il revient à l'*UFC* 31 avec une victoire sur Pedro Rizzo et à l'*UFC* 34, où il rebat Rizzo, pour la revanche. Il perd ensuite contre Josh Barnett, qui devient champion poids lourd du *Pride*, et contre Ricco Rodriguez. En juin 2003, à l'*UFC* 43, il bat Chuck Liddell, l'actuel champion middleweight.

BA : Couture est le seul champion à avoir remporté la ceinture dans deux catégories, celle des Heavyweight et celle des Lightheavyweight.

DK : Il gagne encore contre Tito Ortiz, mais perd en 2004, contre Vitor Belfort, à l'*UFC* 46.

BA : Le combat a duré 50 secondes. C'était un combat pour le titre et Couture a été coupé à l'œil. Le médecin a interrompu le combat pour cause de blessure. Belfort a récupéré cette ceinture sans vraiment combattre. Pour Couture, ce n'était pas une vraie défaite.

Le match revanche a d'ailleurs tourné à l'avantage de Couture, qui a nettement dominé le Brésilien, ce dernier n'étant pas remonté à l'appel de la quatrième reprise.

DK : Pour le combat revanche contre Ortiz, Couture l'emporte. Victoire sans bavure. Par contre, il subit une défaire historique contre Chuck Liddell. Que penses-tu de ce combat ?

BA : C'était une revanche. Lors du premier combat, Couture avait battu Liddell sans forcer son talent. On pensait que la revanche allait se dérouler de la même façon, vu la domination écrasante de Couture à la première rencontre. Mais pas du tout. Durant le premier round, Liddell est resté debout, a évité les coups, et a bien contrôlé les tentatives de *take down* de Couture. Et Liddell, avec son coup d'œil et son punch assassin, a mis Couture KO.
J'étais au bord de la cage, donc je peux en parler avec précision. C'était impressionnant. Tout le monde était sous le choc, personne ne pensait que Liddell serait capable de battre Couture et surtout de le mettre KO.

DK : Couture revient 4 mois plus tard, le 20 août 2005, et il bat Mike Van Arsdale par soumission. Suit le fameux combat retour…

BA : Liddell/Couture 3. Et même scénario, en 1 minute et demie : il reprend un KO.

DK : Il a été élu combattant du siècle de l'*UFC* par les fans.

BA : Oui, parce que c'est le seul qui a eu 2 ceintures dans 2 catégories différentes. Il jouit d'une énorme cote de popularité.

DK : C'est un combattant extrêmement respecté par les autres athlètes. C'est même, sans doute, celui qui bénéficie, avec Fedor, d'un prestige inattaquable.

BA : C'est un champion modèle. Son attitude est saine.

DK : L'as-tu déjà approché ?

BA : Oui, je lui ai déjà parlé, mais je ne le connais pas personnellement.

DK : Va-t-il prendre sa retraite maintenant ?

BA : C'est déjà fait. Il a combattu jusqu'à l'âge de 43 ans. Sa longévité est incroyable. Quand on fait du sport de haut niveau, on sait à quel point il est difficile de rester au plus haut niveau après 30 ou 35 ans. Au niveau physique, c'est forcément plus dur, le métabolisme est plus lent. Lui a tenu jusqu'à 43 ans. C'est exceptionnel.

10/ KEVIN RANDLEMAN

DK : Randleman est né à Colombus, dans l'Ohio, le 10 août 1971. Il a aujourd'hui 35 ans et est un lutteur d'origine.

BA : Il est spécialiste de Lutte libre, effectivement.

DK : Il a été champion universitaire de l'État de l'Ohio et champion poids lourd de l'*UFC*. Il a fait parler de lui à l'*UFC*, mais a acquis une notoriété mondiale au *Pride*. Il est très exclusif. On peut presque le comparer à une machine surentraînée. En tant que combattant de MMA, il est associé avec Marc Coleman au *Hammer House*. Parlons un peu de sa carrière à l'*UFC*.

BA : En fait, il a d'abord commencé, au Brésil, à l'*UVC* (*Universal Valetudo Championship*), où il n'a connu qu'une seule défaite contre Carlos Baretto. Il a enchaîné les victoires contre quelques combattants comme Bobish ou Braga. C'est un lutteur qui n'a jamais vraiment travaillé les soumissions. Il est également spécialiste du *ground and pound*. Il est très puissant et a des mouvements de *take down* très forts. Sa façon de saisir et de jeter ses adversaires au sol pour les contrôler est unique.

DK : Il a également un crochet du gauche très destructeur.

BA : Je dirais plutôt qu'il est très tonique. Il va très vite et surprend ses adversaires. Il sort de très bons coups avec son crochet, mais c'est avant tout parce qu'il est tonique.

DK : Il a par exemple fait beaucoup de mal à Ninja avec ce coup.

BA : C'est vrai, mais techniquement parlant, on ne peut pas dire qu'il ait un très bon crochet. Il va vite mais ce n'est pas un *striker*. C'est un lutteur au tempérament agressif et explosif, ce qui, associé à ses poings, le rend très dangereux.

DK : On l'appelle *The Monster*, le monstre. Parlons de son palmarès. Il a donc combattu aux *Universal Valetudo Championship* 4 et 6. Il connaît sa première victoire contre Carlos Marcial, puis contre Geza Kalman, Bobish, Ebenezer Braga, Mario Neto. Il perd seulement contre Barreto par triangle. Il bat ensuite Homem De *Neve* au *Brazil Open* en 1997, mais perd contre Tom Erikson par KO. Il arrive enfin à l'*UFC* 19, gagne contre Maurice Smith, perd contre Bas Ruten. À l'*UFC* 23, il rencontre Pete Williams et l'emporte, tout comme sur Pedro Rizzo à l'*UFC* 26. Il perd contre Randy Couture par strike, puis contre Chuck Liddell à l'*UFC* 31. Il bat enfin Renato Sobral.

BA : Oui, on peut dire que Randleman fait partie des combattants qui auront marqué l'histoire du MMA.

DK : Suite à sa victoire contre Brian Foster, il arrive au *Pride* et gagne son premier combat sur décision contre O'hara. Contre Yamamoto, ses coups de genou plongeant au sol ont modelé son image de marque. Il bat de manière tout aussi percutante Murilo « Ninja » Rua, par un énorme crochet du gauche qui le coupe.

Il subit sa première défaite contre le fameux Quinton « Rampage » Jackson, qui lui fait, à son tour, connaître son crochet du gauche et son coup de genou. Il l'achève au sol.

BA : Il prend également une kimura ou un jujigatame contre Sakuraba.

DK : Et, là, on arrive au combat clé de sa carrière.

BA : C'est LE combat de sa carrière. Il rencontre Cro Cop et, à la surprise générale, il le met KO sur un crochet, en explosant sa garde. Cro Cop descend au tapis et Randleman enchaîne avec 2 ou 3 coups de poing marteaux. C'est la défaite pour Mirko.

DK : J'aimerais qu'on ouvre une petite parenthèse sur son discours tenu après le combat. Il a dit : « Je suis comme tout le monde. Moi aussi, j'éprouve la peur, mais, pour vous, parce que je vous aime, je serais prêt à aller jusqu'au bout de l'enfer. » C'est quelqu'un qui explose par son charisme. Il devient, grâce à ce combat, quelqu'un de très populaire. Cette victoire fait de lui une superstar.

BA : Oui, parce que Cro Cop était l'un des favoris de la catégorie poids lourd. Au *Pride*, Randleman était considéré comme un dangereux client, mais pas comme une tête de série. Tout le monde a été surpris par la façon dont il a terrassé Mirko.

DK : À ce moment-là, on peut penser qu'il est en route pour le titre.

BA : Non, pas encore. On savait que c'était un exploit. Randleman pouvait battre n'importe qui, mais, pour gagner le titre, il lui fallait vaincre Fedor, qu'il rencontrera d'ailleurs juste après.

DK : Peux-tu nous parler de ce combat exceptionnel ?

BA : C'est un combat exceptionnel parce que Fedor a pris un slam par Randleman : un ura nage stratosphérique. C'était une espèce d'arraché sur l'arrière, où les 2 combattants décollent à 50 cm du sol. Fedor est retombé sur la nuque. La façon dont il a été tordu était incroyable. Pourtant, il s'est relevé comme si de rien n'était. Il enchaîne directement et fait une clé à Randleman. Ce slam était sensationnel, on le reverra encore dans 100 ou 200 ans, tellement il était splendide. Mais on a vu aussi un Fedor piqué au vif, énervé. Suite à cette prise, le combat n'a pas duré 15 secondes, Randleman a dû se soumettre.

DK : Il prend une clé assez banale, en fait.

BA : Un kimura dans une position classique.

DK : C'est là qu'on voit toute la force de Fedor. Il est dans l'efficacité absolue. Finalement, ce qu'on retiendra de ce combat, c'est le slam de Randleman et non pas la victoire de Fedor.

BA : Oui. Et, en plus, il y a eu 2 slams lors de cette soirée : celui de Rampage contre Arona, et celui de Randleman.

DK : C'est vrai, Rampage explose Arona par terre.

BA : Ce sont des slams venus d'ailleurs.

DK : Après cette défaite contre Fedor, j'ai la sensation que Randleman a perdu la foi. Quelque chose s'est éteint en lui.

BA : Oui. Il a enchaîné 4 défaites après sa victoire sur Cro Cop : Fedor, Waterman, et Nakamura, en plus de sa revanche manquée face à Mirko Cro Cop.

DK : C'est un combat un peu oublié aujourd'hui tout de même. Cette revanche était un peu décevante. Dans le combat suivant, contre Waterman, on a senti que Randleman était en mesure de gagner. Il dominait son adversaire, mais a subi finalement une clé. Après le combat contre Mirko, on aurait presque pu le qualifier d'anti-combat.

BA : Ce match a duré 40 secondes. Randleman a fait une grosse erreur. Il court dans les jambes de Cro Cop, et le coince contre les cordes. Au moment où il remonte, Mirko l'enserre par la nuque et lui fait une guillotine, tout simplement.

DK : Ensuite, Randleman a subi une défaite contre un athlète qui ne cesse de monter : il a été l'élève de Yoshida, mais a aujourd'hui pris son indépendance. Nakamura.

BA : Ce n'était pas l'élève de Yoshida, ils se sont simplement entraînés ensemble au *Yoshida Dojo*.

DK : Il s'entraîne maintenant avec des combattants brésiliens.

BA : C'est quelqu'un de très ouvert. Il va un peu partout pour s'entraîner. Il est allé au Brésil, mais il ne s'entraîne pas exclusivement là-bas.

DK : Randleman renoue finalement avec la victoire lors du match contre Kocamis, au *Bushido* Europe. Quel est, selon toi, aujourd'hui, l'avenir de Randleman ?

BA : Il est à l'affiche du premier *Pride* qui va avoir lieu sur le sol américain, à Las Vegas. Il aura fort à faire car il sera opposé à Mauricio « Shogun » Rua, le détenteur de la ceinture du *Pride* GP Lightheavyweight. Un combat explosif en perspective. Je ne sais pas combien de temps il compte encore combattre. Quoi qu'il arrive, c'est un élément dont on parlera encore longtemps.

DK : Il est l'un des symboles du *Pride*. On se souvient tous de ses entrées magistrales sur Eminem, dégageant une énergie magistrale.

11/ MARK KERR

DK : Mark Kerr a été champion de l'Ohio.

BA : C'est un lutteur. Il s'est entraîné avec Randy Couture et a même combattu contre lui en Lutte.

DK : On l'appelle le Titan. Il mesure 1,90 m, pour 116 kilos. Il est né le 21 décembre 1968. C'est un pur lutteur.

BA : Mark Kerr a été, pendant 2 ans, le combattant le plus craint de la planète.

DK : À quelle époque ?

BA : De 1997 à 2000. Il avait un physique hors norme. Il laissera malheureusement derrière lui l'image d'un combattant dopé. On le découvre mis à nu dans un documentaire intitulé *The Smashing Machine*, qui tente de faire la lumière sur ce personnage sensible et finalement très fragile sous une apparence de monstre physique.

DK : Fragile mentalement ?

BA : Oui. Mark Kerr n'avait pas surmonté sa peur. Il la dominait grâce à la brutalité qu'il dégageait et sa façon de s'engager dans le combat. Mais il avait vraiment peur… C'est pour cette raison qu'il a été amené à prendre des produits dopants, à mon avis. Finalement, il ne devait pas avoir confiance en lui pour se laisser aller de la sorte. C'est assez étonnant lorsque l'on voit ses combats. C'était une vraie machine une fois sur le ring. Quel paradoxe.

DK : Il avait des coups de genou exceptionnels.

BA : Non, pas forcément. C'était surtout un homme très puissant. Exceptionnel, pour moi, c'est quand c'est techniquement parfait.

DK : Parlons rapidement du palmarès de Mark Kerr. Quels sont pour toi ses combats clés ?

BA : Il n'a pas vraiment de combats clés. Il a fait un combat dont j'ai envie de parler parce qu'il démontre la frayeur qu'il inspirait à ses adversaires. C'est le combat contre Branco Cikatic. C'était en 1998, au *Pride* 2. Branco Cikatic a été le tout premier vainqueur du *K-1* Grand Prix. Pourtant, dès le début du combat, voyant Kerr se ruer sur lui, il est pris d'une crise de panique. Cikatic se met à frapper dans tous les sens d'une manière incontrôlée en enchaînant les coups interdits. Il a dû être stoppé par l'arbitre qui l'a disqualifié sur-le-champ. Le combat a duré 2 minutes.

DK : Cette réaction était-elle justifiée selon toi ? Kerr était vraiment effrayant ?

BA : Mark Kerr était très effrayant. Il provoquait ce genre de réaction incontrôlable. Cikatic débarquait dans une discipline qu'il ne connaissait pas. Il se disait qu'il ne fallait pas qu'il se fasse saisir. Mais il n'a pas eu le temps de souffler que Mark Kerr fonçait déjà sur ses jambes. Il a paniqué.

DK : Kerr était un peu le Wanderlei Silva de l'époque ?

BA : Oui, on peut dire ça !

DK : Après ce combat, qui est un symbole, parlons de son tout dernier combat au *Pride.*

BA : Ce combat était pathétique. Kerr sortait d'une crise de désintoxication. Il s'est présenté sur le ring, mais n'était plus que l'ombre de lui-même.

DK : Contre qui s'est-il battu ?

BA : Contre Yoshihisa Yamamoto. Il s'est jeté sur lui afin de lui attraper les jambes et il s'est assommé tout seul.

DK : D'ailleurs Yamamoto a dit par la suite qu'il s'agissait d'une technique secrète.

BA : J'espère qu'il n'était pas sérieux quand il a dit cela.

DK : Depuis ce combat, on n'a plus du tout entendu parler de Mark Kerr.

BA : Non, et je crois qu'on n'en entendra plus parler.

DK : Ce fut un événement assez triste parce que cela avait été présenté comme la résurrection d'un combattant. Au final, ça a été sa mise à mort.

BA : Oui, et ça n'a duré que 40 secondes. C'était un spectacle très triste.

DK : Cela t'a fait de la peine ?

BA : Oui. Le fait de le voir dans cet état a peut-être fait réfléchir les athlètes qui se dopent. Pour moi, c'est vraiment un signe de faiblesse. Kerr était l'image de la dégradation et de la dépravation.

DK : Aujourd'hui, sais-tu ce qu'il devient ?

BA : Non.

DK : Kerr a-t-il été champion de l'*UFC* ?

BA : Oui, dans la catégorie poids lourds. Il a fait 4 combats à l'*UFC* puis est allé au *Pride* avec le *Pride* 2. Ensuite, il a fait tous ses combats dans l'organisation japonaise. Il a combattu 11 fois entre le *Pride* 2 et le *Pride* 27.

DK : Quel est le combattant qui l'a mis à terre ?

BA : Il a subi sa première défaite contre Fujita. Il a d'abord fait un « no contest » contre Vovchanchyn, puis il perd contre Fujita sur décision, au *Pride* GP 2000. Ce *Pride* Grand Prix a été gagné par Marc Coleman.

DK : Cet événement a marqué le début de la fin pour Kerr ?

BA : Il regagnera plus tard contre le Russe Igor Borisov par étranglement, puis il perdra à 3 reprises respectivement face à Vovchanchyn, Heath Herring, puis le combat de la fin après une absence de 3 ans contre Yamamoto. Entre le *Pride* 15 et le *Pride* 27, on ne le voit plus. Quand il réapparaît, c'est la désolation.

DK : Il fait figure de héros déchu ?

BA : C'est exactement ça.

DK : Il en a développé une image presque romantique.

BA : Oui. Et il y a eu le documentaire que j'ai évoqué précédemment, *The Smashing Machine*, qui était très frappant. Il retrace son histoire de combattant, évoque son entourage. C'était assez triste.

DK : Pour toi, il reste malgré tout, un des combattants du siècle.

BA : Oui, du siècle dernier. Il fut le numéro 1 de 1997 à 2000.

12/ RICARDO ARONA

DK : Ricardo Arona est l'un des plus célèbres combattants actuels de Free Fight. Il est né le 17 juillet 1978 au Brésil. Il mesure 1,80 m pour 91 kilos. Il combat dans la catégorie Middleweigt au *Pride*. Il a commencé le Jiu-Jitsu brésilien en 1992, à 14 ans. Il s'est fait connaître en 2000 alors qu'il venait d'obtenir la ceinture marron de Jiu-Jitsu brésilien lors des championnats du monde de Lutte de soumission, à Abou Dabi, compétition créée en 1998 (*ADCC*). C'est un championnat du monde extrêmement relevé.

BA : Il correspond au championnat du monde de *Grappling*.

DK : Il remporte le titre dans la catégorie moins de 98 kilos contre Jeff Monson. Il bat également Cayara, Boukalef en quart de finale et Tito Ortiz en demi, à chaque fois aux points. Ce combattant est une démonstration de puissance et de force. Il fait sensation en 2001 en devenant le troisième homme à réaliser un doublet lors de ces fameux championnats. Il bat Ricardo Almeida en finale. Il gagne le tournoi toutes catégories face à Jean-Jacques Machado, issu des moins de 76 kilos et handicapé de naissance (il n'a que des moignons de doigts à une main). Il a battu d'ailleurs Belfort lors de ces championnats, et Mark Kerr en 2003 pour le super titre de l'*ADCC*. Ce fut une forme de règne d'Arona sur le monde du *Grappling*. Mais il a décidé de se diriger de plus en plus vers le combat libre.

BA : Il a commencé à la *Rings* et y a disputé 6 combats.

DK : Peux-tu nous en parler ?

BA : La *Rings* a vraiment été un tremplin pour beaucoup de combattants. Il a battu des athlètes comme Jeremy Horn par décision. Il a perdu contre Fedor également sur décision. Il a battu Kanehara et à nouveau Horn puis Gustavo Machado. Il a fait son entrée au *Pride* 16 en 2001 contre Guy Mezger. Il l'a battu également par décision.

DK : Il gagne ensuite contre Dan Henderson, en 2002, au *Pride* 20 puis contre Murilo Rua sur décision.

BA : Il n'est pas spectaculaire. C'est pour ça qu'il a autant de victoires par décision. Ce n'est pas un vrai puncheur, mais un vrai grappleur. Il met toujours la pression sur ses adversaires. Je crois que presque toutes ses victoires ont été votées par décision des juges.

DK : Il a un tonus stupéfiant et une grande puissance. Il est plus dans cette puissance que dans la frappe.

BA : Oui, et il est très technique au sol.

DK : Il a un low kick terrifiant. Sergueï Ignatov s'en souvient. Lors de son combat contre Arona, il avait une marque impressionnante sur la jambe.

BA : Oui, Ignatov en a gardé un souvenir, je pense. C'est un combattant que j'ai d'ailleurs battu en Judo. C'était sa première participation au *Pride*.

DK : Il n'a pas été déçu. Arona l'a eu à l'usure et lui a marqué au fer rouge la jambe, sur un low kick d'un autre monde.

BA : Ignatov a quand même bien tenu.

DK : Il a résisté. Arona s'est ensuite battu contre Dean Lister. Il a gagné par décision après un match superbe. Parlons maintenant de son combat suivant, très controversé, contre Sakuraba.

BA : Il a dominé Sakuraba. Il est vrai qu'à un moment, il a enfoncé ses doigts dans les plaies aux yeux de Saku. Il est vrai que ce n'était pas un geste correct. On a reçu Arona en France, et j'ai abordé ce sujet. En fait, c'est un mec super, très calme, très disponible, complètement à l'opposé de l'image qu'il donne de lui sur un ring. Concernant le match contre Sakuraba, il dit qu'il a commis un geste malheureux et le regrette beaucoup.

DK : Il a déclaré ensuite aux caméras du *Pride* qu'il s'intéressait peu de la façon dont il gagnait le combat, proprement ou moins proprement. Seule comptait la victoire. Comment l'as-tu senti par rapport à ce geste ?

BA : Au contraire, je l'ai senti mal à l'aise. Il m'a dit : « Je suis un combattant, et parfois on fait des choses qu'on regrette et je le regrette vraiment. »

DK : Assez paradoxal.

BA : Le pire, c'est qu'il n'avait pas besoin de ça. Il dominait largement Sakuraba. L'arbitre aurait dû arrêter le combat plus tôt. Je ne sais pas si c'est Sakuraba qui a demandé à ne pas stopper le combat. Ça ne m'étonnerait pas, d'ailleurs. Sinon, Arona est vraiment quelqu'un de bien, un combattant sain qui aime enseigner, qui aime donner. Pour moi, il est un exemple, chose que je n'aurai jamais dite avant de le rencontrer. Je l'ai pratiqué et j'ai été séduit par le personnage.

DK : Au cours du stage, il a donc eu une attitude très correcte ?

BA : Oui, et pas seulement pendant le stage. On a passé plusieurs jours ensemble. Tous les stagiaires ont été bluffés. Nous avions tous des préjugés sur lui. Certaines personnes ne sont même pas venues. Mais les gens présents ont été agréablement surpris, et me l'ont fait savoir. Il faut faire attention aux jugements hâtifs.

DK : Arona a également eu un combat important contre Wanderlei Silva. Arona l'a battu par décision.

BA : Oui, une des rares défaites de Wanderlei.

DK : Arona a dit après le combat que Wanderlei avait perdu la rage de vaincre.

BA : Il a été obligé, en un sens, de dire cela parce qu'il sait qu'il va être amené à le rencontrer à nouveau. Il y a vraiment une guerre, un contentieux entre Silva et Arona. Nous en avons parlé avec Wanderlei. J'ai dit à Arona que s'il le connaissait personnellement, ils s'entendraient très bien. Mais il a rétorqué que, pour le moment, ils étaient tous deux combattants dans la même catégorie. Il en a convenu qu'avec le recul et la fin de leur carrière, ils pourraient sans doute devenir amis. Wanderlei ne déteste personne. Mais il ne veut pas être l'ami de ses futurs adversaires sur le ring. Il veut garder la rage. Il s'oblige à rester dans des situations de provocation parce que c'est motivant pour le combat. Il n'y a pas de place pour les sentiments.

DK : Une revanche a été organisée entre les deux. Wanderlei a été vainqueur, mais sans convaincre.

BA : Avant ce match, Arona a perdu contre Shogun, lors de la finale du *Pride* Grand Prix. Le combat s'est terminé en moins de 3 minutes. Shogun était en état de grâce sur ce championnat. Il venait de donner une sacrée raclée à Rampage, et il a fini par éliminer Arona. Ensuite, Arona a effectivement perdu le match revanche contre Wanderlei sur décision partagée.

DK : C'est un match dont on ne sort pas convaincu par la victoire de Wanderlei.

BA : Décision partagée, on ne peut pas dire mieux. Sinon, cela aurait été une décision unanime. Le résultat correspond à ce qui s'est passé. Wanderlei a mieux fini le combat qu'Arona. Certains pensaient le contraire. Silva était le détenteur de la ceinture, donc la décision est logique au vu du règlement. C'est au challenger de montrer qu'il mérite la ceinture, et donc, de surclasser le champion.

DK : Aujourd'hui, Arona est encore jeune, il a 27 ans. Quel est le jugement que tu portes sur ce combattant et quel est son avenir ? Penses-tu qu'il puisse gagner la ceinture ? Comment le vois-tu évoluer ?

BA : Arona a eu une ceinture à la *Rings* et a été champion de l'*ADCC*. Il veut maintenant être champion du *Pride*. Il est jeune, mais une nouvelle étoile est née, Shogun, de l'école *Chute boxe*. Il restera toujours au premier plan au cours des 2 ou 3 années à venir, mais la bataille sera dure. C'est quelqu'un qui peut avoir la ceinture, mais il faut qu'il travaille plus son punch. Il a les moyens, il est vraiment puissant, mais il faut qu'il travaille encore. Le champion absolu, celui qui marque les esprits et dont on se souviendra, sera celui qui met et mettra tout le monde KO.

13/ DAN HENDERSON

DK : Dan Henderson est spécialiste de Lutte. Il commence la Lutte à 5 ans. Il a été sélectionné en équipe olympique des USA en 1992 et 1996. Il débute le MMA en 1997 sur suggestion d'un de ses amis, Randy Couture, qui l'a invité à rejoindre la Team Quest. Son parcours au MMA commence donc en 1997 par une victoire sur Crezio de Suza au *Brazil Open* 1997. Au cours de la même journée, il gagne, également par TKO contre Eric Smith. Il arrive ensuite à l'UFC 17, et gagne sur décision contre Alen Goes.

BA : C'était déjà un excellent combattant à l'époque.

DK : Il bat Carlos Newton, toujours au cours du même *UFC* sur décision. Il combat ensuite à la *Rings*, antichambre du *Pride*. Il a presque un parcours logique. Pour les meilleurs, la *Rings* mène souvent au *Pride*. Toujours à la *Rings*, il bat Bakouri Gojitidze par KO. Il bat ensuite Hiromitsu Kanehara. Il bat également le fameux Gilbert Yvel et Antonio Rodrigo Nogueira. La revanche se jouera plus tard sur le ring du *Pride*.

BA : À l'époque, Nogueira était un bon combattant, mais ce n'était pas le Nogueira d'aujourd'hui. Quand on reprend le palmarès de Dan Henderson et qu'on s'arrête sur sa victoire contre Nogueira, c'est par la suite que cela devient une performance. La même journée, il bat également Babalu.

DK : Son arrivée au *Pride* se fait 3 mois plus tard, au *Pride* 12. Il fait face à Wanderlei Silva.

BA : Il perd en 5 minutes par KO.

DK : Il démarre sur une défaite et enchaîne contre Renzo Gracie, qu'il met KO après 1 minute 40 de combat, au *Pride* 13. Au *Pride* 14, il gagne contre Akira Shoji et au *Pride* 17 contre Murilo Ninja. Puis il perd contre Arona.

BA : Au *Pride* 20, tout à fait.

DK : C'est à ce moment que la fameuse revanche contre Nogueira a lieu.

BA : Au *Pride* 24, et Dan Henderson prend une clé de bras. Ils font un combat assez équilibré malgré une légère domination de Nogueira, qui est plus lourd que lui.

DK : Il revient avec une série de 4 victoires, dont une contre Shungo Oyama. Oyama est déjà KO sur le coup de poing. Il bat ensuite l'un des fondateurs de la *Brazilian Top Team*.

BA : Murilo Bustamente. C'est un KO expéditif en 53 secondes.

DK : Il bat ensuite Kazuhiro Nakamura, peut-être le meilleur combattant japonais à l'heure actuelle.

BA : Il le bat également par KO. Puis c'est la fameuse victoire contre Yuki Kondo.

DK : On vante les mérites de ce combattant en Pancrace, mais il ne s'est jamais réellement confirmé au *Pride*.

BA : Il faut voir aussi quels ont été ses adversaires. C'était généralement des très grands noms.

DK : Henderson gagne sur décision contre Kondo après un combat très dur. Puis il reperd contre Nogueira au *Pride Total Elimination* 2005. Il prend rapidement une clé, au premier round.

BA : En 8 minutes, tout de même. Par la suite, il enchaînera les victoires.

DK : Au *Bushido*, Rio Chonan.

BA : Pour les 2 premiers tours du *Pride Bushido* Grand Prix, il se qualifie en battant tour à tour Chonan et Gono. En finale, il rencontre à nouveau Bustamente. Il devient le premier combattant à remporter la ceinture du *Bushido GP*, catégorie des 83 kilos.

DK : A-t-il encore la ceinture ?

BA : Oui, mais plus pour longtemps. Il n'est pas parvenu à se qualifier cette année aux phases finales du *GP Bushido*. Pour ses adversaires, Henderson est un cauchemar. Quand on étudie ses combats, il a un nombre incroyable de victoires par décision. Il est très dur à soumettre. Seul Minotauro y est parvenu. Sa condition physique est exceptionnelle, c'était un athlète de haut niveau à la Lutte. Il a une préparation exceptionnelle. C'est un guerrier. Il n'est pas impressionnant de prime abord, comme peut l'être un Wanderlei Silva par exemple, mais il est très complet et très efficace. Pour moi, il est un modèle parmi les combattants parce qu'il incarne vraiment le sport dans une discipline souvent décriée. C'est un peu le même schéma que Randy Couture, selon moi. Ce sont de grands hommes.

DK : Quel est aujourd'hui l'avenir de Dan Henderson ?

BA : Il a quand même 36 ans, donc il approche de la fin de sa carrière. Il a 20 victoires à son palmarès pour seulement 4 défaites. Un énorme champion.

14/ MATT HUGHES

DK : Matt Hughes est né le 13 octobre 1973. C'est un poids superwalter (77 kilos), champion de l'*UFC*. Il a été l'un des champions les plus dominants de l'*UFC*.

BA : C'est le combattant qui a défendu le plus de fois son titre.

DK : Il fait partie du *Miletich Fighting System*. C'est un grappleur.

BA : Un lutteur.

DK : Spécialiste de *ground and pound*. C'est le modèle de George Saint Pierre.

BA : Oui, il a dit que Hughes était l'un de ses modèles quand ils se sont rencontrés. Ils se sont affrontés pour la défense du titre, d'ailleurs. La revanche est programmée pour la ceinture et je crois que George Saint Pierre ne compte pas l'admirer pendant le combat.

DK : Hughes est un vrai stratège du combat. Il a un frère jumeau, Marc. Il a gagné sa première ceinture à l'*UFC* 34 *High voltage*, le 2 novembre 2001, par KO sur Carlos Newton par un slam.

BA : Carlos Newton l'a pris en triangle. Matt Hughes est très puissant et il s'est relevé alors qu'il était pris au piège. Il était debout avec Hughes accroché en triangle. Hughes allait tomber dans les pommes, mais Newton est tombé en même temps sur le dos et a été assommé. Hughes, en s'écroulant, a suffisamment repris ses esprits pour se relever avant Newton. Il a donc gagné ce combat alors qu'il était étranglé. Il a surtout eu beaucoup de chance.

DK : Il a remis sa ceinture en jeu de nombreuses fois. Par contre, il a été soumis par BJ Penn.

BA : Il a perdu en moins de 5 minutes, par un étranglement arrière. J'étais sur place et tout le monde a vécu cela comme un choc. C'était la première fois qu'il perdait son titre.

DK : Son palmarès est fantastique. Il n'a que 4 défaites pour 39 victoires. C'est un grand champion.

BA : Oui, il a battu plusieurs fois Carlos Newton, Hayato Sakurai. La liste est longue. Il perd contre Penn puis revient en écrasant Renato Verissimo, George Saint Pierre et surtout, prend sa revanche sur BJ Penn de la plus belle des manières.

DK : Parlons de sa victoire récente sur Royce Gracie.

BA : Combat très violent et il a mis une correction sévère à Royce.

DK : Pour toi, quel est l'adversaire qui pourrait le battre ?

BA : George Saint Pierre. Je pense qu'il va le battre.

DK : Saint Pierre est un des grands combattants de l'*UFC*.

BA : Oui. Ce que j'aime bien chez Hughes, c'est cette tension qu'il dégage avant le combat. Quand il arrive dans la cage, il cherche toujours à défier ses adversaires en leur disant : « Mais qu'est-ce que tu viens faire chez moi ? » Il a une façon d'aller et venir en fixant son adversaire, c'est très impressionnant. C'est une façon d'intimider, bien sûr, mais il le fait avec beaucoup de classe. L'octogone semble lui appartenir.

DK : « Tu entres dans mon territoire. »

BA : Il tourne comme un lion en cage en observant sa victime.

DK : Combattant élégant.

BA : Très charismatique. Il n'a pas une attitude agressive. On sent sa puissance. Il est sûr de lui et connaît son affaire. Il est très fort en projection. Il a slamé un nombre considérable de combattants : il les prend, traverse le ring et les jette de l'autre côté. C'est fantastique. C'est un vrai showman.

15/ CHUCK LIDDELL

DK : Chuck Liddell est un combattant exceptionnel, né le 17 décembre 1976 à Santa Barbara, en Californie. Il n'a jamais réussi à s'imposer au *Pride,* mais il domine la ceinture light heavyweight de l'*UFC*. On l'appelle *Ice Man*. À l'origine, c'est un *striker*, un amoureux des percussions. Il a, sans discussion possible, l'une des plus puissantes droites du MMA. J'aime l'Amérique qu'il incarne, ce style si décontracté lorsqu'il déclenche sa sulfateuse…

BA : Oui, c'est un vrai guerrier. Je l'ai interviewé plusieurs fois et notamment à l'occasion de sa première rencontre contre Tito Ortiz. Il m'a dit : « Moi, j'aime le combat, je pourrais même combattre gratuitement. » Il nous racontait que Tito Ortiz aimait tout ce qu'il y avait autour du combat, mais que le combat n'était pas fait pour lui. Il a commencé par l'*IVC* où il a battu Pelé, notamment.

DK : Pelé était sacrément amoché à la fin de ce combat, qui a duré un temps invraisemblable.

BA : Lors des premiers *IVC*, il n'y avait pas de gants et les coups de tête étaient autorisés. C'était très violent. Il n'a combattu que Pelé et a été vainqueur.

DK : Mais il avait déjà fait un premier combat avant de se lancer à l'*IVC*.

BA : Il a combattu à l'*UFC* 17. Ensuite, il a perdu contre Jeremy Horn sur un triangle à l'*UFC* 19. Il a fait également un passage au NG 11.

DK : De quoi s'agit-il ?

BA : C'est une compétition comme il y en a beaucoup aux USA.

DK : Ensuite, il revient à l'*UFC* 22 et à l'*UFC* 29, où il bat Jeff Monson et Kevin Randleman.

BA : Il lui met une droite, ou une gauche. Randlemant tombe et Liddell termine en *ground and pound*, en 1 minute 18, à l'*UFC* 31.

DK : Ensuite, il bat Guy Mezger au *Pride* 14 par KO, au deuxième round, et Murilo Bustamente à l'*UFC* 33 sur décision. Il s'attaque également à Amar Suloev, à Vitor Belfort, à l'*UFC* 37.5, et, en 2002, à Babalu. Mais c'est lors de l'*UFC* 43 qu'a lieu sa première défaite contre Randy Couture. Il revient sur une victoire au *Pride*, victoire un peu étrange parce qu'il a été dominé pendant tout le combat par Alistair Overeem, qui par son amplitude lui a posé de vrais problèmes.

BA : Il a été dominé et Overeem a perdu les pédales d'un coup sur une droite terrible. Il est tombé KO.

DK : Cela prouve que les guerriers ne meurent jamais et qu'il faut ne rien lâcher de son attention, rester à l'affût.

BA : Un combat n'est jamais terminé avant la dernière seconde.

DK : Parlons de son vrai coup d'arrêt. Il s'agit de son dernier combat au *Pride*, celui qui a laissé une mauvaise image.

BA : On ne peut pas dire que ce soit une mauvaise image. C'est son parcours et il a perdu.

DK : Mais sa défaite est indiscutable.

BA : C'est vrai, il a totalement été dominé par Rampage…

DK : … qui le met KO au moment où l'arbitre stoppe le combat. Il s'est pris des coups mais a résisté. Coups de genou, direct, *ground and pound*. Le très élégant Quinton Jackson n'a fait que monter en puissance, tout au long du combat, le pressant continuellement. L'art précis de Rampage lors de ce combat est inoubliable.

BA : Après Rampage, c'était au tour de Tito Ortiz, pour le titre.

DK : Il a laminé Ortiz ?

BA : Il n'y a pas eu photo.

DK : *UFC* 47, KO au deuxième round. Ce combat fait plaisir à tous ceux qui n'appréciaient pas Ortiz.

BA : Ce n'est pas ça l'important. Ils étaient amis, ils se sont parfois entraînés ensemble. Ortiz, tenant du titre, a refusé de rencontrer Liddell. Sous la pression, il a finalement été obligé d'accepter.

Il prétextait qu'ils se connaissaient, étaient amis. Liddell a répondu qu'ils s'étaient entraînés ensemble, mais en tant que combattants. Ortiz possédait ce qu'il désirait c'est-à-dire : la ceinture. Finalement le combat s'est déroulé et Liddell a gagné de la manière qu'on connaît : KO au premier round.

DK : Ensuite, il a affronté un adversaire très agressif : Vernon White.

BA : Oui, c'est un kick-boxer, un vieux de la vieille, très fort, mais il le met KO sur un coup de poing.

DK : Pareillement, il confirme grâce à sa victoire sur Randy Couture. Ce combat fut quand même une vraie surprise.

BA : Oui, pour le premier combat, Liddell s'était vraiment fait laminer. Il avait été dominé dans tous les secteurs du combat : pied-poing, Lutte. Couture l'avait slamé 2 ou 3 fois pour l'amener au sol. Là, nous avons assisté à une véritable correction, pourtant au match retour, Liddell a surclassé Couture en 2 minutes. Il était sur une série de 6 victoires pour 6 KO.

DK : À ce moment-là, on se demande qui peut le battre. On remet face à lui le premier homme qui l'a battu : Jeremy Horn. C'est un des combattants, voire le combattant le plus expérimenté du MMA.

BA : Oui, il a mené un nombre incalculable de combats.

DK : Liddell l'emporte au quatrième round.

BA : Sa ceinture était en jeu et il l'a brillamment conservée. Horn n'a rien pu faire pour ébranler l'invincible Chuck Liddell. Renato « Babalu » Sobral reste sa dernière victime à l'heure où nous parlons. Jusqu'où ira-t-il ?

16/ TITO ORTIZ

DK : Jacob «Tito» Ortiz, né le 23 janvier 1975 à Huntington Beach, en Californie, a fait quasiment toute sa carrière à l'*Ultimate Fighting Championship*. Ancien champion *UFC* des lourds légers, Ortiz est une des stars de l'organisation et il est la tête d'affiche de nombreux *pay per view* et fait régulièrement la une de nombreux magazines de sports de combats. Combattant au charisme provocateur, il a rendu son personnage très controversé. Italo-Américain, voici le showman de l'*UFC*. À son arrivée à l'*UFC*, il s'est battu contre Wes Albritton, qu'il a mis KO, puis il a perdu face à Guy Mezger.

BA : Oui, il prend une guillotine.

DK : Il est revenu ensuite à l'*UFC* 18. Il a battu Jerry Bohlander, et a pris sa revanche sur Guy Mezger, à l'*UFC* 19, un an plus tard. Il a perdu contre la star Franck Shamrock à l'*UFC* 22, a gagné en 2000 contre Wanderlei Silva. Veux-tu nous parler de ce combat ?

BA : Ce combat a été voté à la décision. Il n'y a rien eu d'extraordinaire. Silva n'était pas encore le Silva d'aujourd'hui. Beaucoup de gens n'aiment pas Ortiz. Je l'ai rencontré et l'apprécie. C'est un combattant très talentueux, peut-être pas un pur guerrier, mais c'est un vrai combattant. Il aime le combat et a vaincu un nombre incalculable de combattants. On ne bat pas des Silva, des Yuki Kondo, des Ken Shamrock, des Belfort, par hasard.

DK : Il a battu successivement Yuki Kondo, Evan Tanner, Elvis Sinosic.

BA : Également Vladimir Matyushenko.

DK : À l'*UFC* 33.

BA : Il a récemment battu Shamrock pour la troisième fois. Ortiz est un des fers de lance de l'*UFC* et même un de ses axes de communication. C'est une des personnes qui a fait l'*UFC* moderne. Je pense qu'il mérite ce qui lui arrive. C'est un vrai professionnel. Il a su jouer de son image avec l'*UFC* pour devenir ce qu'il est.

DK : À un moment donné, il a été en désaccord avec l'*UFC*. Que s'est-il passé ?

BA : J'ai rencontré Ortiz il y a peu de temps. Il a toujours tout fait pour l'*UFC*, même quand celle-ci n'était pas encore connue comme aujourd'hui. Il s'est rapidement rendu compte de l'importance du business, de son augmentation exponentielle, et il a voulu en profiter, financièrement parlant. Il a exigé une bourse plus conséquente et cela n'a pas été accepté. Mais on lui a fait d'autres propositions. Dana White ne voulait pas se séparer de lui. Il lui a clairement demandé ce qu'il voulait. Ortiz a répondu : « Une bourse que je ne pourrai pas refuser. »

DK : C'était donc une affaire d'argent. À l'*UFC* 44, il a rencontré Randy Couture et a subi sa première défaite.

BA : Il a pris une fessée ! Au sens propre, comme au figuré.

DK : C'est un combat dans lequel on a senti l'impuissance d'Ortiz. Cette défaite est logique à mon avis.

BA : Non. Il n'y a qu'un seul champion. À côté, il y a d'autres combattants très forts. Le champion, à l'époque, c'était Randy Couture. Ortiz n'a pas réussi à prouver qu'il pouvait le destituer de son trône.

DK : Il gagne aussi contre Patrick Cote, Vitor Belfort et Forrest Griffin.

BA : Contre Patrick Cote, il aurait dû s'imposer, mais il est allé jusqu'à la décision sans briller. À partir de là, on sent un Tito Ortiz en dessous de son niveau, plus particulièrement lors de sa défaite contre Couture. Mais, à ses dires, il est en train de revenir et il veut la ceinture.

DK : Son dernier combat était contre Ken Shamrock.

BA : Ortiz a gagné par TKO. Il a dominé Shamrock, qui est aujourd'hui en fin de carrière. Ortiz est une grosse star de l'*UFC*. J'ai participé à 4 *UFC* et l'annonce de Tito Ortiz faisait trembler les foules. Il restera toujours un symbole de l'*UFC* moderne, c'est une certitude.

DK : Pourquoi le *Pride* n'a-t-il pas fait d'offre mirobolante pour faire venir Ortiz ?

BA : Ça ne l'intéresse pas. L'événement le plus marketé reste l'*UFC*. Ortiz veut être connu et reconnu. Il est très bien traité à l'*UFC*, il n'a jamais eu de problème avec Dana White, donc il y reste.

DK : Ne penses-tu pas qu'il existe un vrai conflit d'intérêts entre le président de l'*UFC,* Dana White, qui est aussi le manager d'Ortiz ? Cette double casquette ne fausse-t-elle pas la carrière d'Ortiz ?

BA : Non, c'est le manager de plusieurs combattants. Il y a forcément un traitement de faveur, mais ça, c'est le sport professionnel. Je lui ai dit qu'il n'avait pas bonne réputation et lui m'a répondu qu'il jouait un rôle. Quand il émet des critiques sur les combattants, c'est pour provoquer une réaction. Il a envie de les pousser dans leurs retranchements avant de les rencontrer. Il veut les affaiblir, les déstabiliser afin de mettre toutes les chances de son côté. Et apparemment, ça fonctionne. Il a raison. C'est un jeu très intelligent, parce que c'est également ça, le sport professionnel. Et il n'a rien inventé. Mohammed Ali était un professionnel en la matière. Les adversaires ne sont jamais aussi faibles que quand ils sont piqués à vif.

17/ TAKANORI GOMI

DK : Il est membre du *Kijushi Dojo,* au Japon. Il est né le 22 septembre 1978. C'est un ancien champion welter du shooto et il combat actuellement au *Pride*. Il est une véritable idole au Japon. Il est devenu champion Lightweight au *Pride Bushido* le 31 décembre 2005.

BA : Il a commencé sa carrière au shooto, au Japon, une organisation de combat libre dans les catégories légères. Il a accumulé de nombreuse victoires avant de connaître sa première défaite contre Joachim Hansen. Il a fait une série de 15 victoires, la plupart par décision. Un combattant exceptionnel, qui est devenu une véritable machine à KO. Il a perdu contre Hansen et a enchaîné avec une deuxième défaite, au *Rumble on the rock*, contre BJ Penn, mais le combat s'est déroulé dans le fief de celui-ci. Il a perdu par étranglement arrière. Ensuite, il est entré au *Pride* et c'est là que Gomi est devenu Gomi.

DK : Il a un physique assez frêle, aérien, rimbaldien, un visage immensément romantique. Il possède les traites d'un héros de manga ou de science-fiction.

BA : On ne voit pas de marques sur son visage, de cicatrices, ni même d'attitude de combattant. Il est japonais et comme beaucoup de japonais, il porte cette plénitude sur le visage. Et l'assurance amplifie cette impression de plénitude.

DK : Il a un visage et un regard d'enfant. C'est un styliste à l'état pur.

BA : C'est un athlète très complet, déterminé. Il s'est révélé au *Pride*, qui cherchait un champion de cette trempe. Gomi est la star que les Japonais recherchaient. Après sa défaite contre Penn, il a battu Costa, un Brésilien, par TKO. Ensuite, il n'a enchaîné que des victoires, contre des combattants très forts. Il a battu Ralph Gracie lors du *Pride* où j'ai combattu. En 6 secondes chrono. Il a enchaîné avec un autre Brésilien, puis l'Américain Charles Benett, l'Américain Jens Pulver, un super combattant très explosif. Il a aussi remporté 2 victoires contre des Brésiliens : Azeredo et Jean Silva. Il a battu son compatriote Tatsuya Kawaijiri, qui était également champion dans la ligue Shooto. Au *Pride Bushido GP*, il a battu en finale le grand Hayato Sakuraï. Vient ensuite sa défaite contre Marcus Aurelio, un Brésilien de l'*American Top Team*. Il a dominé toute sa catégorie, on se demandait qui pouvait le détrôner. Et quand Aurelio l'a battu, ce fut la stupeur totale, personne ne s'y attendait. Presque toutes ses victoires sont survenues au premier round, par KO. Il reste sur une victoire face au Français David Baron en attendant de mettre sa ceinture en jeu face à Aurelio. Il est très technique et a un coup d'œil extraordinaire. Il est dangereux dans tous les secteurs du combat. Il est aussi très difficile à mettre au sol.

DK : Peut-on dire qu'il est vraiment la nouvelle idole au Japon ?

BA : Oui, c'est le cas. Sa popularité ne cesse de croître. Un mythe est en train de naître.

18/ PAWEL NASTULA

DK : Pawel Nastula est né le 28 juin 1970. C'est un combattant poids lourd du MMA.

BA : Il a d'abord été un extraordinaire champion de Judo.

DK : Parle-nous de sa carrière de Judoka.

BA : Il a été 3 fois champion du monde et champion olympique. Il a également été 4 fois champion d'Europe. C'est le Judoka européen le plus talentueux de sa génération. Il est resté invaincu pendant 4 ans. Et quand on connaît la difficulté du Judo et le réservoir, c'est extraordinaire.

DK : Est-ce, pour toi, le meilleur Européen de tous les temps ?

BA : Non, au niveau du palmarès, c'est David Douillet. Mais Nastula fait partie des tous premiers noms quand on évoque le Judo.

DK : Pourquoi arrive-t-il au *Pride* ?

BA : Le *Pride* était toujours à la recherche de combattants, et surtout de combattants ayant été champions olympiques. Ils ont Yoshida, Rulon Gardner, Takimoto le Judoka. L'objectif du *Pride* est d'organiser des combats de champions olympiques de différents sports de combat. Nastula a donc accepté l'offre du *Pride*.

DK : Contre qui se bat-il ?

BA : On lui a opposé Minotauro pour son premier combat ! Nastula a résisté, il a fait ce qu'il a pu. Cela faisait longtemps qu'il n'avait pas combattu. Il a surtout perdu par manque d'expérience et sa condition physique n'était pas au top niveau. Il n'avait pas l'endurance nécessaire. Au Judo, les combats ne durent pas plus de 5 minutes. Là, il s'est retrouvé sur un premier round qui a duré 10 minutes et les 2 suivants, 5 minutes.

DK : Qu'a-t-il fait ensuite ?

BA : Il est tombé sur Alexander Emelianenko. Dans la famille cadeau, je vous présente le frère ! Alexander était en pleine ascension et Nastula a perdu par étranglement. Une condition physique pas suffisamment préparée. Mais, par contre, on l'a vu plus aguerri, plus au fait de cette discipline, et il a combattu sans kimono. Il était un peu plus expérimenté, il s'était bien entraîné, mais il a manqué de fraîcheur. Il a perdu en 8 minutes 45. Contre Minotauro, il avait fait 8 minutes 34. Il s'est fait étranglé parce qu'il était tout simplement épuisé. Il a connu sa première victoire contre Edson Drago, un brésilien qui a enchaîné les KO. Il a réussi à le soumettre. Dorénavant, je pense qu'il faudra prendre en compte Nastula dans cette catégorie. Il s'est mis au diapason. On sent maintenant qu'il est un client sérieux. Mais malheureusement, il est né en 1970, donc il n'a pas beaucoup d'années devant lui pour briller. J'espère qu'il nous offrira encore de beaux combats parce que c'est un sacré champion.

19/ QUINTON « RAMPAGE » JACKSON

DK : Le bad boy au look de casseur de bar. Jackson est né le 20 juin 1978. Il a commencé par la Lutte. Il a effectué son premier combat au *Raleigh Egypt Highschool* et a combattu au *King of the Cage*. Puis, il a combattu rapidement au *K-1*.

BA : Il a d'ailleurs battu Ameli.

DK : Combien de combats a-t-il fait au *K-1* ?

BA : Un seul, il me semble.

DK : Il arrive au *Pride* 15 contre Sakuraba.

BA : Avant, il a combattu dans quelques organisations, notamment au *King of the Cage*, où il a perdu contre Marvin Eastman. Il n'est pas encore le combattant aguerri qu'on a découvert par la suite. Sa première apparition se fait au *Pride* 15. À ce moment-là, il était sur un événement américain. Son combat avait été annulé, mais quand il est arrivé, on lui a finalement autorisé le combat. Lui n'avait même pas amené son short. Il s'est retrouvé là avec sa chaîne et l'attitude qu'on lui connaît. Quand il est monté sur le ring, son adversaire n'était pas là, alors on lui a choisi un adversaire volontaire dans la foule. Un homme de 30 ou 40 kilos de plus que lui a relevé le défi. Lors de cet événement, SakaKibara, le grand patron du *Pride*, était présent. Quinton a littéralement slamé son adversaire. Après ce combat, SakaKibara l'a invité au *Pride*. Il s'est donc retrouvé face à Sakuraba au *Pride* 15. Saku était au top de sa forme et il l'a gagné. Ensuite, Quinton Jackson a rencontré Yuki Ishikawa et l'a battu par KO.

DK : Il a aussi combattu contre Daijiro Matsui mais a été disqualifié.

BA : Oui, Quinton avait mis un coup de genou irrégulier.

DK : Là, la machine Jackson se met en place. Il a pulvérisé Chuck Liddell dans un combat époustouflant. Précédemment, il avait battu Vovchanchyn au *Pride* 22 et Randleman.

BA : Le combat contre Vovchanchyn a été extraordinaire. Rampage l'a slamé plusieurs fois. Ensuite il a battu Randleman, qui était aussi une machine de guerre à l'époque.

DK : Il l'a mis KO. Et il a battu également Murilo Bustamente par décision.

BA : Il faut le dire parce qu'il est extraordinaire au sol.

DK : Au *Pride Final Conflict*, il a battu Chuck Liddell. Il a fait démonstration de sa puissance.

BA : En effet, un combat où toute la puissance de Jackson éclate. En battant Randleman, il se positionne comme la challenger officiel de Wanderlei Silva.

DK : Il se qualifie surtout pour la finale.

BA : Et rencontre Silva. Il perd, mais Wanderlei était imbattable. C'était vraiment la finale des 2 champions. Sur le tournoi, ils étaient les 2 meilleurs de la catégorie, avec une domination de Silva, et la finale terrible qu'on connaît.

DK : Ils se sont insultés de tous les noms via vidéo sur Internet et le combat retour a été un des combats du siècle. C'était très attendu. Rampage est monté sur le ring avec sa démarche nonchalante et sa grosse chaîne autour du cou. Il a pris son portable…

BA : Oui, je vais raconter ce qui s'est passé. C'était au *Pride* 28, pour la finale. Sa femme, éperdument amoureuse de lui, le suivait partout, et parfois même, jusqu'aux toilettes. Il a longtemps insisté pour qu'elle le laisse en paix, mais elle l'aimait trop pour pouvoir le laisser tranquille. Du coup, il l'a demandée en mariage pendant qu'il était sur le trône. À chaque fois que quelqu'un lui demandait comment Rampage avait fait sa demande, elle racontait l'histoire des toilettes. Rampage s'est donc senti obligé de lui faire une nouvelle demande en mariage, cette fois-ci, extraordinaire. Lors de la finale, il venait de se convertir au christianisme. Il était sûr de gagner. Il pensait ramener la ceinture à sa femme et lui a fait sa déclaration sur le ring, face à Wanderlei Silva. C'était sa première finale, et il ne savait pas que les hymnes nationaux seraient joués. Il a appelé sa femme pour lui faire sa déclaration, et l'hymne a commencé à ce moment-là. Du coup, il a décidé de continuer, mais elle n'a rien entendu. Il m'a raconté dernièrement en riant : « Le public, sans s'en rendre compte, en manifestant sa joie et son soutien, a juste fait foirer le plus beau moment de ma vie… »

DK : Ce combat a eu un peu la même fin que le premier ?

BA : Ce n'est pas tout à fait pareil parce que, là, Quinton était super prêt et très affûté. C'est la première fois qu'on voyait quelqu'un qui avait trouvé la solution face aux larges et successifs crochets percutants de Silva. Il avait trouvé le moyen de les bloquer. À la fin de la première reprise, Quinton amène Wanderlei au sol et commence à le frapper en *ground and pound*. Le gong retentit. Ce furent 10 minutes de folie avec une domination de Quinton. Au départ du deuxième round, Wanderlei a mis un coup d'accélérateur et a touché Rampage par une série de coups de genou dont un qui l'a terrassé et lui a brisé le nez en deux. Il s'est écroulé sur les cordes.

DK : Du sang coulait abondamment et son nez était en sale état. Wanderlei venait de confirmer sa domination.

BA : Oui, c'était la suprématie Silva parce que Quinton était le meilleur challenger à ce moment-là.

DK : Beaucoup de supporters ont dit que ce combat avait signé la mise à mort de Rampage, parce qu'il n'était plus que l'ombre de lui-même après ce combat. On le sent psychologiquement absent depuis. Absent contre Ninja Rua, contre Shogun, entre autres.

BA : C'était un combat très violent. Psychologiquement, c'est dur de revenir après une telle défaite. Quinton était vraiment à son apogée.

DK : Il avait tout donné et malgré ça, il a perdu.

BA : Wanderlei était intouchable.

DK : Il y a un combat qui symbolise sa chute au *Pride* : celui contre Shogun. Il se fait maltraiter, on le sent impuissant.

BA : Après cette défaite, il a battu Ninja, mais difficilement, par décision. Ensuite, il s'est fait archi dominer par Shogub, en effet et s'est blessé aux côtes. Puis, il a enchaîné 3 victoires : Yokoï, Yoon Dong Sik et Matt Lindland, au *WFA* il y a 2 mois.

DK : Tu le connais assez bien, que peux-tu dire sur lui ?

BA : Il veut combattre une nouvelle fois contre Wanderlei Silva. Ses défaites lui sont restées en travers de la gorge. Il veut avant tout rencontrer tous les combattants qui l'ont battu. C'est très important pour lui, à commencer par Wanderlei.

DK : Il est encore jeune.

BA : Oui. Il m'a dit : « Je veux Wanderlei Silva. Je sais que tu le connais bien, alors dis-lui que non seulement je le veux, mais s'il me bat, je lui donne la moitié de ma bourse. »

DK : Jackson est vraiment un mec généreux.

BA : Oui (*rires*).

20/ MARK COLEMAN

DK : Mark Coleman est né à Fremont, dans l'Ohio, en 1964. Il a commencé en Lutte libre à l'adolescence. Il a été 2 fois champion de la conférence de l'université de Miami. Senior, il a été transféré à l'Ohio Université et il a gagné le *NCAA championship*. Véritable force de la nature, il sera sélectionné et termine septième aux jeux Olympiques de Barcelone en 1992. Il a fait ses débuts au MMA, à l'*UFC* 10.

BA : En 1996.

DK : À l'*UFC* 10, il a soumis Gary Goodridge et a battu Don Frye par KO technique. À l'*UFC* suivant, il bat le célèbre Brian Johnson, puis enchaîne une autre victoire contre Dan Severn à l'*UFC* 12. Mais perd contre Maurice Smith sur décision.

BA : À l'*UFC* 14, effectivement.

DK : Il reperd ensuite, à l'*UFC* 17, contre Pete Williams, en prenant un coup de pied à la tête.

BA : Il a pris un terrible high kick.

DK : Puis il perd contre Pedro Rizzo, un Brésilien, et contre Takada à son arrivée au *Pride*.

BA : Il a enchaîné 4 défaites d'affilée exactement. Sa série se termine par la défaite contre Takada au *Pride* 5. Il renoue avec la victoire face à Ricardo Morais au *Pride* 8. Mais il commence à faire vraiment parler de lui au *Pride* GP 2000, où il bat Vovchanchyn lors de la finale, en battant au préalabe Satake, Shoji et Fujita.

DK : Il devient ainsi le premier vainqueur du *Pride GP Heavyweight*. Un événement qui est resté dans les mémoires. Je le revoie encore sauter sur les cordes. Ensuite, il est arrivé au *Pride* 13 *Colision Course*, où il gagne contre Alan Goes. Il enchaîne sur une défaite, la première défaite face à un nouvel arrivant : Antonio Rodrigo Nogueira.

BA : C'était au *Pride* 16.

DK : Minotauro lui a fait un triangle monumental, il était au bord de lui briser le coude. Ensuite, il regagne contre Don Frye. C'est son grand retour et la dernière ligne droite de la carrière de Coleman. Au *Pride* 26, il a mené un combat décevant.

BA : Le combat va jusqu'à la décision.

DK : Ensuite, il y a une défaite au *Pride Total Elimination* 2004.

BA : Sur un jujigatame.

DK : Il a également connu une défaite implacable contre Cro

Cop au *Pride* 29. Mirko n'a utilisé que ses poings ou presque. Il regagne au *Bushido Europe* contre Milco Voorn. Sa dernière victoire est un peu controversée. C'était contre Mauricio « Shogun » Rua. Peux-tu nous en parler ?

BA : Oui, mais il ne s'est pas passé grand-chose. Le combat a duré à peine 49 secondes. En fait, Coleman s'est jeté dans les pattes de Shogun pour l'amener au sol. Shogun a tenté de se réceptionner sur un bras, mais s'est fait une luxation. Beaucoup de membres de son équipe, Wanderlei en tête, ont vu son bras partir en arrière. Coleman ne s'est pas rendu compte que son adversaire était blessé, il a voulu continuer. L'arbitre, bien sûr, a vu ce qui se passait. Tout le clan de *Chute boxe* s'est levé, certains sont montés sur le ring, dont Wanderlei qui s'est rué sur lui jusqu'à que les officiels parviennent à les séparer.

DK : Son prochain combat sera contre Fedor, apparemment.

BA : Oui, en octobre 2006 pour le premier *Pride* aux États-Unis, à Las Vegas.

DK : Il a créé une école qui s'appelle la *Hammer House.*

BA : C'est l'équipe dans laquelle il s'entraîne. Il est le premier vainqueur du GP. C'est un combattant très expérimenté. Il a commencé à l'*UFC* 6, il est donc là quasiment depuis les débuts. Il est aujourd'hui sur le déclin parce qu'il a quand même 42 ans. C'est énorme, peu l'ont fait, à part Randy Couture, bien sûr. C'est un des combattants qui aura le plus marqué son époque.

21/ MAURICIO « SHOGUN » RUA

DK : Il est né le 11 novembre 1981. Il est aujourd'hui considéré par de nombreux spécialistes, dont tu fais partie, comme le futur de la *Chute boxe*. C'est l'étoile filante de cette école. Un bloc d'uranium pur. C'est un combattant très explosif dont le physique rappelle un peu celui de Cro Cop, notamment par son jeu de jambes extraordinaire. C'est le frère de Murilo Ninja Rua. Connais-tu son parcours avant le *Bushido* ?

BA : Il a combattu au Meca, et a battu Rafael Capoera par KO, puis Angelo Antonio et Envangelista Cyborg, également par TKO. Il a ensuite combattu 2 fois à l'*UFC*. Puis, il rencontre Eric Wanderlei et perd contre Renato « Babalu » Sobral par une guillotine. Cela précède son arrivée au *Pride Bushido*.

DK : Tu as combattu en même temps que lui dans un tournoi ?

BA : Non, moi je n'ai participé qu'au *Pride Bushido* 3 et lui a participé au 1, au 2 puis au 5.

DK : Il a donc battu Akira Shoji, Akihiro Gono, Yasuka Namekawa. Ça a été des KO à chaque fois.

BA : La seule fois où il ne gagne pas par KO ou TKO, c'est contre Antonio Rogerio Nogueira, le frère de Minotauro.

DK : Ce combat était de la dynamite. Il véhicule toute l'agressivité typique de la *Chute boxe*.

BA : On reconnaît les combattants de cette école. Shogun est un peu le petit frère de Wanderlei. Ils s'entraînent tout le temps ensemble.

DK : On remarque immédiatement l'influence du style. La prise de la nuque pour les coups de genou. Il a l'air un peu au-dessus de Wanderlei au niveau des jambes. Il est aussi très fort en poings.

BA : Il est plus complet que Wanderlei. C'est aussi un expert au sol.

DK : Au *Pride* 29, il est tombé contre le « pauvre » Kanehara, qui aura décidément pris les plus forts et aura payé une grosse facture à la fin. Il le bat par un KO délirant, plusieurs *penaltys* en pleine tête, des coups de genou. C'était un combat vraiment pénible à regarder pour le Japonais. Deux mois plus tard, au *Pride Total Elimination* 2005, on assiste à un combat qui laissera des traces pour Quinton Jackson. Shogun l'a battu au premier round en 1 minute 47. C'était le premier tour du Grand Prix. Je te laisse nous parler un peu de ce combat.

BA : En fait, Rampage s'est blessé.

DK : On sentait qu'il voulait parler à son coin pendant le combat.

BA : Oui, parce qu'il s'est brisé des côtes. Il le dit mot à mot à ceux de son équipe. C'est dommage pour la suite du combat

DK : Ensuite, 2 mois plus tard, au *Pride critical countdown* 2005, il gagne pour la première fois par décision.

BA : Oui, contre Antonio Rogerio Nogueira. C'était le deuxième tour du GP.

DK : Il bat ensuite Alistair Overeem et affronte enfin Arona, qui vient de vaincre Wanderlei par décision. Et il met Arona KO.

BA : Il a fait un Grand Prix fantastique. À part Rogerio Nogueira, il a battu tous ses adversaires au premier round, notamment à la finale contre Arona, en 2 minutes 54. Il faut tout de même préciser qu'Arona sortait de 20 minutes de combat intense contre Wanderlei.

DK : Ce jour-là, on a enfin eu la réponse à notre question. Quel terrible combattant nous réserve-t-on à la *Chute boxe* après Wanderlei Silva ? Shogun. Ce tournoi l'a consacré. Il devient en quelques minutes l'un des combattants les plus célèbres au monde.

BA : Il est surtout très jeune. Il va avoir 25 ans.

DK : S'est-il remis de sa blessure ?

BA : Oui, il a repris l'entraînement, on va bientôt le revoir.

DK : 11 victoires dont une par décision, et seulement 2 défaites contre Coleman et Babalu.

BA : Contre Coleman, ce n'était pas une vraie défaite, il s'était blessé.

KEN SHAMROCK

DK : Ken Shamrock est né le 11 février 1964. C'est un combattant américain de MMA, célèbre pour ses participations à l'*UFC* et pour sa carrière de lutteur professionnel. Il a combattu au *World Wrestling Federation* et au *Total Action Wrestling*.

BA : Il a commencé avec le Pancrace.

DK : Il a dirigé une équipe de combat libre, le *Lion's Den*, qu'il a maintenant quittée. Il se blesse gravement à l'entraînement lors de sa participation aux championnats de Californie de Lutte. Il a glissé sur le tapis alors qu'il portait un partenaire.

BA : En tombant, il s'est fracturé deux vertèbres. Une plaque de métal lui fut insérée dans le cou. Les médecins lui ont conseillé d'éviter toute activité sportive pendant quelques mois et lui ont annoncé qu'il ne pourrait plus faire de sport de combat. Pourtant, 2 mois plus tard, il se remet à jouer au basket et bat un lutteur de 45 kilos de plus que lui. Depuis sa blessure, il semble insensible à la douleur. C'est à ce moment-là que son père l'adopte et qu'il devient Ken Shamrock.

DK : Il a commencé le MMA à l'*UFC* 1. Il est donc là depuis le début.

BA : Ken Shamrock a fait ses débuts au Pancrace. Il bat en 1993 Funaki, puis Yoshiki Takahashi, en octobre 1993, puis encore un Japonais, Takaku Fuke. Il les a tous trois battus par soumission. Son premier combat à l'*UFC* était face à Paul Smith. Il a ensuite combattu contre Royce Gracie et a subi sa première défaite par soumission.

DK : Paul Smith est un combattant très agressif qui a fait des ravages à l'*UFC*. Shamrock a évidemment perdu contre Royce Gracie. Il a participé aux *UFC* 2 et 3. Finalement, il a fait un match nul contre Royce Gracie à l'*UFC* 5.

BA : Il avait perdu en 1 minute en prenant un étranglement. Après cette défaite, il est reparti au Pancrace. Il a combattu à nouveau et a notamment vaincu Minoru Suzuki par soumission en 1994. Il a également gagné contre Matt Hume et Bas Rutten.

Il a, à nouveau, battu Funaki et Maurice Smith. Il revient après avoir lessivé Leninger et Mitchell à l'*UFC* 3.

DK : Quand il revient à l'*UFC* 5, son combat contre Gracie dure 35 minutes et se termine par un nul. Ensuite, il a battu Dan Severn à l'*UFC* 6, Oleg Karkarov à l'*UFC* 7 et Kimo à l'*UFC* 8, mais perd contre Dan Severn à l'*UFC* 9. Il rencontre ensuite un très bon combattant de l'*UFC*, Brian Johnston, et le bat lors de l'*UFC* Ultimate 1996. Ce n'est que quatre ans plus tard qu'on le retrouve au *Pride* Grand Prix. Il gagne contre Alexander Otsuka, puis perd contre Fujita, au *Pride* 10. Il quitte le *Pride* pour un combat et rejoint le *WMMAA*.

BA : C'est une organisation américaine.

DK : Il refait un combat au *Pride* contre Don Frye. Il perd sur décision. Il revient à l'*UFC,* où il perd contre Tito Ortiz en 2002.

BA : C'était à l'*UFC* 40.

DK : C'est seulement en 2002 qu'on verra une nouvelle victoire contre Kimo sur un coup de genou à l'*UFC* 48. Au *Pride*, il perd contre Sakuraba sur un combat dont il a contesté la défaite.

BA : C'est vrai que le combat a été arrêté un peu prématurément.

DK : Son dernier combat était contre Tito Ortiz, et il a de nouveau perdu.

BA : Il combat encore à l'*UFC* 61, alors qu'il a fait l'*UFC* 1. Tout le monde se souvient de ce combat contre Royce Gracie. C'était un titan du MMA. Lors des premiers *UFC*, Shamrock avait été surnommé *The world's most dangerous man*. C'est un mec exemplaire, très professionnel dans sa façon d'aborder son sport. C'est un vrai métier pour lui et on le sent vraiment chez lui. Il a fait un nombre hallucinant de combats.

DK : Il est maintenant rentré au *Hall of Fame* de l'*UFC*, sorte de Panthéon de l'*UFC*.

BA : Oui, et c'est normal. Maintenant, il commence a être âgé pour combattre. Il est né en 1964, comme Mark Coleman.

GEORGE SAINT PIERRE

DK : George Saint Pierre est un de tes amis canadiens. Selon toi, il est peut-être l'homme qui va ravir la ceinture tant convoitée de Matt Hughes. Il est né le 19 mai 1981 à Montréal. Il a commencé à apprendre le Karaté Kyokushinkai à 7 ans, puis le Jiu-Jitsu brésilien. Il s'est également entraîné en Lutte et en Boxe. Son rêve, depuis qu'il a vu Royce Gracie combattre en 1993, est de devenir champion de l'*UFC*. Sa carrière commence à l'UCC où il fait 4 combats en 2 ans. Il arrive à l'*UFC* 46 Supernatural, où il bat sur décision Karo Parysian. En 2004, il bat Jay Hieron à l'*UFC* 48 *Payback*. C'est un combattant très complet.

BA : Oui, tout à fait.

DK : Très nerveux, très tendu, très doué au sol aussi et en strike, en percussions. Matt Hughes est l'un de ses modèles, mais il a perdu contre lui à l'*UFC* 50.

BA : Ils sont tous les deux dans la même catégorie, il éprouve un profond respect pour Matt Hughes. Même s'il a perdu contre lui, il est encore jeune et pourra sûrement le vaincre un jour.

DK : Là, il se prend une soumission par clé de bras. Ensuite, il fait un combat contre Dave Strauss, qu'il bat par TKO. Puis il revient à l'*UFC* 52 où il bat Jason Miller, Franck Trigg sur étranglement dans le premier round, Sean Cherck et il bat enfin, cette année, un combattant qu'il respecte beaucoup, BJ Penn, à l'*UFC* 58 sur décision.

BA : C'était un combat très dur pour George parce que BJ, ce n'est pas n'importe qui. Il est l'un des combattants les plus talentueux de sa génération et de sa catégorie. Il a dû faire appel à toutes ses ressources pour arriver à bout de BJ Penn. Il a fini par gagner ce combat par décision partagée. Saint Pierre est un combattant en pleine ascension, il progresse doucement mais sûrement. Aujourd'hui, il s'est vraiment fait un nom à l'*UFC*.

DK : Tu le connais bien. Peux-tu nous parler de lui du point de vue humain ?

BA : Oui. C'est quelqu'un d'entier. Il est très tendu avant les combats. Mais, par contre, une fois sur le ring, rien ne l'arrête.

DK : Sinon, il est plutôt d'une nature angoissée ?

BA : Oui, c'est souvent le cas chez les hommes qui sont à la recherche de la perfection. George est comme ça, il ne supporte pas ses défauts et la médiocrité, il veut être parfait tout le temps. C'est un boulimique de l'entraînement.

DK : Comment l'as-tu rencontré ?

BA : À l'*UFC* 46. On était à Las Vegas. Peu de gens parlaient français donc cela nous a rapprochés. On a sympathisé. Ensuite, il a préparé un combat contre le Judoka arménien, Parysian. Je suis allé le voir pendant son entraînement pour l'interviewer et je l'ai finalement conseillé sur la manière d'aborder ce Judoka. Je lui ai expliqué comment faire pour ne pas tomber dans le piège. En effet, pendant le combat, il s'est trouvé dans cette situation et il s'en est sorti. Et il m'a ensuite remercié de l'avoir aidé.

DK : Il t'a donné une partie de sa bourse ?

BA : Non (*rires*) ! Mais à l'époque, sa bourse était de 2 000 $. C'était sa première participation. Un combattant à surveiller de près.

BACKSTAGE : LES DESSOUS DU FREE FIGHT

DK : J'aimerais que tu nous racontes le détail de ton dernier événement *Pride.*

BA : 28 août 2006. 11 h 30. Les athlètes sont dans l'hôtel, on sent la tension chez tout le monde, les équipes se retrouvent autour du staff japonais et des interprètes, chacun prépare ses effets personnels, on vérifie qu'on n'a rien oublié dans la chambre. Les staffs vérifient que tout le monde est bien là. Chacun sort son accréditation, nous sommes prêts.

David Baron se prépare à affronter le numéro 1 de sa catégorie : Takanori Gomi, pour le main event de ce *Pride Bushido* 12. Nous sommes les premiers à entrer dans le bus qui va nous conduire à l'Arena, à Osaka.

J'interview David pour le magazine *FightSport.* Le bus se remplit, on change d'atmosphère. Le brouhaha de l'hôtel laisse place désormais à un calme religieux. Luciano Azevedo arrive dans le bus avec son film *La Samba ce sera pour ce soir.* Denis Kang affiche son sourire des beaux jours et lorsqu'on lui demande comment il va, il répond « prêt pour la guerre. » C'est au tour de Paolo Filho de rentrer dans le bus, accompagné de Jucao, le plus français des Brésiliens, casque de baladeur vissé sur la tête, comme à son habitude. Bustamente le suit de près. C'est le départ, 20 minutes après nous arrivons au Nagoya Sport Center, un complexe de

20 000 places. Dès la descente, nous sommes accueillis par une horde de photographes. En allant vers les vestiaires, nous apercevons la salle. Impressionnante. Nous entrons. Akihiro Gono prépare son show d'entrée. Quel showman celui-là ! Nous sommes à l'emplacement qui est réservé à David Baron, un coin de repos situé entre Christiano Marcelo et Gegard Mousasi.

À peine arrivé, David doit se rendre au contrôle médical. On va lui prendre sa tension et lui faire passer les examens d'usage, puis direction les toilettes pour pisser dans un verre. C'est le contrôle antidopage, qui n'est pas aléatoire. Tout le monde y passe. Après tout ça, David retourne dans sa loge où il ne sera dérangé que deux fois par les journalistes. Trois combats ont déjà eu lieu, il est 17 heures. David a un peu de temps, il me demande dans combien de temps il va combattre. Dans 3 heures, il disputera le 14e et dernier combat. Il est en train d'envoyer un SMS à sa famille : « Je vais combattre d'ici 3 heures, vous me manquez, j'espère que tout va bien, je vous aime très fort. Papa. » Il prend le temps de se faire mettre les bandes. Son coach, Jean-Marie Mercier, s'y emploie avec minutie, sous le regard du staff prévu à cet effet.

17 h 35 : Obiya vient de perdre par décision unanime. C'est le moment pour David de se mettre en jambes. Il tente quelques enchaînements de poings face à la glace, mais glisse sur le tatami. Mieux vaut le retirer par précaution. On entend des cris de motivation juste à côté, il s'agit de Christiano Marcelo (*Chute boxe*). Son combat approche. Les combats s'enchaînent, l'échauffement bat son plein, on approche du moment fatidique. Je longe le couloir à la recherche de photos insolites et je tombe sur la salle de presse où les combattants doivent se rendre après leur combat. David semble relâché. Lorsque Akihiro Gono place une prise de bras imparable à Mousasi, il est temps pour David de se rendre dans la salle d'appel pour se préparer. Cette pièce ressemble à notre loge, l'écran télé en plus. Dan Henderson semble à bout de

souffle face à Mizaki, le verdict des jurés est sans appel. Mizaki est déclaré vainqueur à la décision unanime des trois juges. « David, tu n'as pas fait tout ça pour rien, tu as fait tout ça pour ce jour. David, pense à ta famille. Laisse tomber la pression. » On essaie de l'accompagner le plus possible. C'est lui qui décidera de la suite. Le speaker appelle David Baron, qui fait son entrée devant plus de 10 000 fans. Nous le suivons pendant quelques mètres. Je sais très précisément ce qu'il ressent pour avoir vécu les mêmes moments.

DK : Bertrand, en toute honnêteté, as-tu eu déjà des doutes sur le dopage ?

BA : J'estime qu'il y a du dopage dans toutes les disciplines. Je ne connais pas de discipline où il n'y en a pas. Pas pour l'avoir vécu, mais parce que cela me paraît évident, parce que la presse relate à chaque fois des histoires de contrôles positifs d'athlètes toutes disciplines confondues, même si on en entend plus parler dans le cyclisme et dans l'athlétisme. Le dopage est présent partout. Je ne vois donc pas pourquoi il serait absent du MMA. De plus, certains contrôles se sont révélés être positifs, notamment à l'*UFC*, un peu moins au *Pride*.

DK : On peut citer l'exemple de Tim Sylvia…

BA : Oui, Tim Sylvia, le cas Mark Kerr, voir le reportage, *The Smashing Machine,* sur sa chute libre après ses contrôles. D'ailleurs, Mark Kerr a du suivre une cure par la suite. Il y a eu aussi Kimo, qui a été pris positif 2 fois à la nandrolone. Il y a du dopage partout, pourquoi n'y en aurait-il pas dans le Free Fight ?

Patrick Laure, qui a écrit un ouvrage aux PUF sur le dopage, déclare : « En effet, il est intéressant de remarquer que par convention tacite, le dopage ne relève que du monde sportif.

Or, comment expliquer que tout étudiant, conducteur d'engin, cadre d'entreprise, plus généralement tout citoyen peut absorber n'importe quelle substance dans le but avoué de "tenir le coup" sans qu'on parle de dopage de prime abord. Ce qui d'un côté apparaît comme un artifice prohibé et indigne devient de l'autre un moyen légitime de réussite professionnelle. » Je me souviens du procès qui avait été fait à Ben Johnson, à la suite des JO de Séoul, et la façon dont il avait été mis en avant, accablé juste pour s'être dopé. Pour moi, le dopage, c'est tricher, jouer à armes inégales avec ses adversaires, mais, quelque part, celui qui en souffre le plus, c'est l'athlète. Le dopage est un aveu de faiblesse.

DK : T'a-t-on déjà proposé des produits ?

BA : Cela ne m'est jamais arrivé. Pourtant pendant mes 14 années passées à l'INSEP, cela aurait pu arriver… Le seul dopage que l'on connaissait, c'était le Guronsan !

DK : Qu'en est-il de l'argent touché par les combattants ? Dans *FightSport*, vous révélez les dernières primes de l'*UFC*… Cela tourne entre 2 000 et 250 000 $. On sait par exemple que Chuck Liddell a touché près de 3 millions de dollars de revenus en 2005.

BA : Oui, 250 000 $ par combat pour Ken Shamrock, 200 000 $ pour Tito Ortiz, mais ce n'est pas une moyenne, il faut savoir que seules les grosses têtes de série touchent de telles sommes.

DK : Et au *Pride* ?

BA : Pour ce qui concerne le *Pride* et le *K-1*, les sommes sont plus importantes que celles de l'*UFC*. Derrière les combattants, il y a tout un staff. Généralement, le coach ou le manager récupèrent un pourcentage des primes, allant de 10 % à 30 % voir 40 %. Disons qu'en moyenne, c'est 20 à 25 %. Le reste, c'est pour le combattant.

DK : Est-ce que l'école touche quelque chose en plus ?

BA : Si l'on prend l'exemple de la *Chute boxe*, j'ai entendu dire qu'elle prend entre 40 et 50 % de la prime par combattant.

DK : Visiblement, l'argent manquait à Lee Murray, un combattant anglais de MMA, qui a été pris récemment dans le braquage du siècle en Angleterre.

BA : Oui, on a appris qu'il était l'un des braqueurs…

DK : Peux-tu nous parler un peu de ce combattant ?

BA : Lee Murray est un combattant anglais, le meilleur de sa génération, et qui s'est bien illustré à l'*UFC*. On a été surpris comme tout le monde de savoir qu'il avait participé à un braquage, au plus gros braquage de tous les temps. Je l'avais interviewé lors d'un événement, mais c'était bien avant le braquage. Il était comme tout le monde, un personnage plutôt sympa. Nous avons été consternés d'apprendre sa mise en cause.

DK : As-tu déjà eu des doutes à propos de combats arrangés au *Pride* ?

BA : Il arrive quelquefois de se poser des questions, à l'issue d'un combat, mais je ne suis pas le genre de personne à lancer des accusations sans preuves, je laisse ça aux amateurs de potins…

DK : Prenons l'exemple du combat entre Tank Abott et Yoshida.

BA : Voilà, connaissant Tank Abott, qui aime bien frapper, le retrouver face à Yoshida sans véritablement envoyer de coups paraissait un peu bizarre. Mais peut-être était-il malade, ou en méforme ; il y a sans doute d'autres explications.

DK : Y a-t-il une commercialisation de l'image des combattants ?

BA : Ah oui, complètement. Au *Pride*, au Japon, cela se fait énormément, et également aux États-Unis. On utilise l'image du combattant dans le cadre publicitaire pour vendre un produit ou un événement. On a vu Yoshida dans une publicité pour la bière, Cro Cop pour des rasoirs, Bob Sapp dans un grand nombre de publicités. La plupart du temps se sont les agents qui sont chargés des produits dérivés, produits marketing, mais cela peut passer aussi par le *Pride* pour de l'autopromotion.

DK : Sur les droits télé, on se souvient qu'un des derniers évènements *UFC* a fait plus de 31 millions de dollars de chiffre d'affaires avec le *pay per view*. La Fox a acheté les droits du Pride, on imagine qu'il passe aussi à la télévision au Japon…

BA : Oui, il passe en prime time, c'est un événement majeur à la télévision japonaise. Il fait autour de 25 % de part de marché et des pics à 30 % sur les *main events*.

DK : Étant le rédacteur en chef de *FightSport*, tu es bien placé pour parler des droits DVD, toi qui diffuses le *Pride* en France. Techniquement, comment ça se passe ?

BA : Pour acheter les droits, il faut aller voir le détenteur, proposer une somme à l'achat et tomber d'accord sur un prix événement afin de l'exploiter par la suite.

DK : Cela veut dire que vous payez événement par événement, mais qu'il ne touche rien sur les ventes.

BA : Voilà, à partir du moment où l'on a acheté l'événement, il nous appartient.

DK : Tu pourrais nous dire le prix d'un événement moyen ?

BA : Secret professionnel.

DK : Ce n'est quand même pas plus de 50 000 euros ?

BA : Non, il y a beaucoup trop de travail avant la commercialisation. En plus, quand on achète un événement, on fait des copies de DVD, il y a un travail gigantesque à faire dessus. Pour couvrir un événement, on reçoit d'abord les beta et c'est l'événement complet du début jusqu'à la fin. Par la suite, il y a un travail de montage colossal, auquel s'ajoutent évidemment les commentaires.

DK : Il existe un marketing dérivé. Prenons l'exemple de la commercialisation de l'image de Wanderlei, comme sa ligne de vêtements...

BA : Oui, mais il n'y a pas que Wanderlei, de nombreux combattants ont leur ligne de vêtements... C'est d'ailleurs l'un des rares sports où autant de combattants ont leur ligne. Chaque nom de combattant se décline en T-shirts, en shorts...

DK : Oui, chaque combattant est une marque. On va revenir aux règles du *Pride*. Connaissant le penchant parfois voyeur de l'être humain, on sait tous que lorsqu'il y a un peu plus de risques sur un ring, il y a toujours un peu plus de téléspectateurs... J'allais dire, c'est la loi commerciale du risque. Si l'on pose l'équation :

davantage de danger sur le ring, davantage de show, donc davantage de *pay per views*, de DVD, de téléspectateurs, donc plus d'argent… est-ce qu'il y a le risque, selon toi, de voir les règles s'ouvrir encore plus ?

BA : Non, justement, c'est l'inverse qui se produit. Ce sport a commencé avec le postulat « tous les coups sont permis », et on se dirige de plus en plus sur l'encadrement de cette liberté par des règles. Et avec plus de règles et quelque chose de plus sportif, on a davantage intéressé le public. Alors qu'au début, cela n'intéressait que les gens qui voulaient voir 2 personnes se battre, aujourd'hui, on a un public de connaisseurs intéressés par la technique et pas seulement par la violence qui se dégage de ce sport. Même si celle-ci fait partie du combat. Le risque maximum n'intéresse plus personne et encore moins les combattants. Tout le monde veut aller vers une réglementation sportive et préserver les combattants, c'est déjà un sport extrême, il n'y a pas besoin d'en rajouter.

DK : La confrontation de tous les arts martiaux a créé une discipline hybride qui s'appelle le aujourd'hui le MMA. On peut quand même dire que ce ne sont pas tous les arts martiaux qui sont utilisés systématiquement, mais surtout quelques disciplines qui reviennent majoritairement. Ne penses-tu pas qu'en synthétisant uniquement sur les prises les plus efficaces des arts martiaux et sports de combat, cela risque de lisser leur diversité pour ne retenir que les coups efficaces ? Je prends l'exemple du Sambo, du Jiu-Jitsu brésilien, de la Lutte, du Kick-boxing et du Judo qui sont les sports génériques du MMA… Est-ce que tu crois que l'on va arriver à un nivellement et que seulement quelques disciplines seront utilisées sur le ring et donc mises sous les projecteurs ?

BA : Non, je ne suis pas du tout d'accord avec ça. On n'utilise pas simplement quelques arts martiaux. Si l'on prend l'exemple des sports pied-poing, on ne peux pas dire que le coup de pied donné soit un coup utilisé uniquement en Boxe-thaï et pas en Kick-boxing. Un coup de pied est un coup de pied, il peut-être utilisé dans toutes les disciplines.

DK : Oui, mais on voit par exemple peu, ou quasiment pas, de pratiquant de Kung-Fu.

BA : C'est parce que, quand ça a commencé, on voyait plus des lutteurs que des pratiquants de Boxe-thaï. Parce qu'un pratiquant de Boxe-thaï ne peut pas s'illustrer, un combattant de Taekwondo ne peut pas s'illustrer. Un combattant qui fait du Taekwondo sera aussi pratiquant de Boxe-thaï ou de Jiu-Jitsu brésilien. C'est ce que veut la discipline aujourd'hui. On va vers quelque chose où il n'y a plus de spécialisation, on travaille plusieurs disciplines, c'est ce qu'est devenu ce sport, et la question n'est pas de savoir s'il n'y aura plus de pratiquants de Kung-Fu, car il y en aura toujours. Quelqu'un qui fait du Kung-Fu et qui souhaite faire du MMA sera obligé d'apprendre des techniques de percussions qui seront peut-être plus efficaces et sera contraint d'apprendre la Lutte et le Judo et le travail au sol. Et en même temps, il existe combien de personnes sur la planète qui pratiquent le Kung-Fu par rapport à ce qui pratiquent la Lutte ? C'est normal, le Kung-Fu, on en parle en Chine, mais en Europe et ailleurs, il y a finalement très peu de pratiquants. Le jour où le MMA explosera en Chine, eh bien, il y aura plus de pratiquants de Kung-Fu partout ailleurs.

DK : Qui décide du choix de la grille des combattants lors des événements ?

BA : Les organisations. C'est la personne chargée du matchmaking, du recrutement des combattants, qui essaye de contacter soit les équipes, soit les combattants directement, pour les faire participer à l'événement.

DK : Quand on monte dans les combats « événements », qui décide de celui qui affrontera le champion en titre ?

BA : C'est toujours l'organisation, le match-maker. Le combattant qui enchaîne les victoires en ayant éliminé les principaux combattants de sa catégorie, comme en Boxe, devient le challenger officiel et se positionne naturellement pour disputer la ceinture. C'est un système logique et lorsqu'un combat pour le titre s'organise, il devient évident qu'un consensus global s'est imposé sur le choix de ce challenger. Il y a rarement d'injustices à ce niveau-là.

DK : De nombreux forums sur Internet s'interrogent sur les risques de séquelles suite à certains coups… Crois-tu que que l'on ait suffisamment de recul dans cette discipline du MMA pour prétendre au degré zéro de séquelles graves sur le cerveau ?

BA : Le degré zéro n'existe nulle part. Je peux sortir dans la rue, glisser sur un détritus et me briser la colonne sur un angle de trottoir. J'étais en équipe de France de Judo, eh bien, je peux affirmer que tous les Judokas de haut niveau sont cassés. Je suis le seul à ne pas avoir subi d'opération du genou, des croisés ou de l'épaule. Dans les sports de haut niveau, le risque zéro n'existe pas.

DK : Y a-t-il des exemples de séquelles au MMA ?

BA : Non, c'est un sport récent. Il y a des exemples en Boxe parce que c'est un sport vieux comme le monde, mais le MMA n'a que 15 ans d'existence. Jamais le MMA n'aura les mêmes séquelles que la Boxe, parce que 90 % des coups en Boxe sont portés à la tête, alors qu'au MMA, il existe un nombre incalculable de manières de terminer un combat. Les coups sont répartis sur tous le corps et non exclusivement au visage, donc cela limite naturellement la possibilité de séquelles sur le cerveau.

DK : Quelles sont les reconversions connues après le *Pride* ?

BA : Le *Pride* n'est qu'une organisation, ce n'est pas une structure qui prend en charge les athlètes comme pour le Judo par exemple. L'athlète signe un contrat de 1 à 4 combats, et après c'est terminé. Le *Pride* n'est pas là pour prendre en charge l'athlète après sa carrière, contrairement aux fédérations sportives qui, elles, sont des sortes de familles et prennent en charge l'avenir de l'athlète.

DK : Oui, mais on remarque des reconversions naturelles dans le milieu du MMA : commentateur, entraîneur, voire acteur.

BA : C'est très rare. On ne peut pas parler de reconversion, le combattant fait ce qu'il a envie de faire après avoir combattu, il peut continuer ou reprendre son métier, faire une formation… Jérôme Le Banner, qui n'en est pourtant pas à sa reconversion, fait du cinéma, un peu comme Frank Trigg, ex-*UFC*. Moi, je suis entré en sport-études à l'âge de 16 ans, et en équipe de France de Judo à 18 ans, et j'avais 30 ans passés à ma dernière compétition. Là, on peut parler de reconversion car on grandit derrière une famille sportive, une fédération.

DK : On te voit souvent avec un T-shirt « Legalize MMA ». Crois-tu qu'un jour on verra le *Pride* à la télé en France ? Canal+ a acheté les droits l'an passé, mais le CSA s'y est opposé.

BA : Oui, Canal+ avait acheté les droits et je faisais d'ailleurs les commentaires sur Sport+. L'audience avait été bonne, mais le

CSA a bloqué la diffusion du *Pride* et du MMA sur le territoire français. Je persiste à penser que ça viendra, ce refus est dû à une mauvaise information. L'État français ne comprend pas encore cette discipline. Il la voit comme une représentation brutale d'un sport, et il a juste besoin d'être un peu plus éduqué sur celui-ci, car le Free Fight n'est pas plus violent qu'un autre sport de contact.

DK : Maurice G. Dantec s'est pris de passion pour le *Pride*, et dans son dernier roman, *Grande Jonction*, il a écrit une scène qui a marqué et séduit certains des plus brillants critiques littéraires français, un combat de MMA. Il a souhaité rencontrer Fedor Emelianenko l'été 2005 et ses premières paroles au combattant ont été : « *You are the Futur.* » Il vient même de s'inscrire dans un club de la Brazilian Top Team. De nombreuses célébrités, et pas uniquement du monde des lettres mais également du cinéma hollywoodien, s'intéressent de près au MMA. Un des collaborateurs de Matthieu Kassovitz, pour l'adaptation au cinéma de *Babylon Babies,* du même Dantec, m'a annoncé qu'ils allaient contacter l'*UFC* pour utiliser des images de combats en cages dans le but de symboliser le futur des sports de combat. Ces célébrités sont-elles invitées ? Ou est-ce tout simplement du marketing indirect ?

BA : Pas du tout, ce sont de véritables passionnés. Ils viennent assister aux événements par amour de ce sport. Je peux citer de mémoire Juliette Lewis, Michael Clarke Duncan (l'acteur de *La Ligne verte*), Cindy Crawford, Paris Hilton, Shaquille O'Neal, Carl Malone, Docteur Dre, Forest Whitaker, George Clooney, Chuck Norris, Bruce Willis… Ils viennent assister aux événements *UFC*, mais le *Pride* vient de se produire à Las Vegas pour la première fois de son histoire et je crois que ce beau monde risque de faire quelques infidélités à l'*UFC*…

DK : Nous allons maintenant parler d'un film, *Scorpion*, qui va sortir en janvier 2007 sur les écrans, avec Clovis Cornillac. Le sujet du film est le MMA et l'ascension infernale d'un jeune homme des combats de rue underground à un ring de tous les dangers, où il affrontera Jérôme Le Banner en personne. Tu l'as entraîné pour ce film.

BA : Oui, le producteur et le réalisateur sont venus me voir pour que je prépare Clovis pour ce rôle, donc j'ai entraîné Clovis Cornillac au MMA pendant un mois et demi, deux mois. *Scorpion*, c'est l'histoire d'un combattant de Boxe thaïlandaise qui, à la suite d'une bagarre de rue, tue quelqu'un, par accident. Il va en prison et, à sa sortie, on lui propose des combats clandestins, clandestins car nous sommes en France et que le Free Fight est encore interdit en France. Vu son succès, on lui propose, si sa progression continue, de l'entraîner vers une organisation officielle et de rencontrer Jérôme Le Banner. Clovis a vraiment apprécié ce qu'il a appris. Il ne connaissait pas grand-chose au MMA et avait les même préjugés que tout le monde. Il pensait ce sport comme étant ultraviolent et, finalement, il a découvert une discipline très technique qui l'a intéressé. À la suite de ça, il m'a demandé de l'entraîner sur le long terme.

DK : Que pourrais-tu nous dire sur ton frère, ce jeune homme qui est aujourd'hui le plus grand espoir du MMA tricolore ?

BA : Karl, je l'ai toujours entraîné, j'étais son professeur de Judo quand il avait 4 ans. Il a toujours été présent en me suivant systématiquement dans les compétitions, les championnats de France, les championnats d'Europe, les championnats du monde, il a toujours été là, près de moi (*rires*), d'ailleurs j'ai des images, des flashs de combats où je n'entendais que lui et sa petite voix de gamin. Il a un peu suivi mes traces quand j'ai arrêté la compétition de Ju-Jitsu. Ce qui l'a dirigé le plus sur le MMA est ma participation au *Pride.* Je crois que ça a été l'élément déclencheur. Bien sûr qu'à cette époque-là, il n'était pas encore prêt, donc on a axé l'entraînement sur le MMA et désormais il en est à 4 combats dont 3 victoires en 30 secondes et un match nul.

DK : C'est la raison pour laquelle nous l'avons appelé « Monsieur 30 secondes ». Il est aujourd'hui un des futurs grands du MMA français.

BA : Je ne suis pas le seul à l'affirmer, Wanderlei Silva, lors de sa venue pour un stage à Paris, a fait un sparring avec Karl et a dit qu'il serait l'un des très grands de demain, et tous ceux qui le voient combattre tiennent le même discours. Il est très charismatique et comme il a toujours été mêlé à la compétition, il possède cet esprit de compétition que nous avons tous dans la famille. Il a également été remarqué par le match-maker du *Pride,* qui est persuadé qu'il finira au sein de leur organisation et sera l'une de ses étoiles.

DK : Il nous a dit vouloir devenir le plus grand combattant de la planète.

BA. Il est ambitieux, c'est une qualité et je sais que quand il le dit, il le croit. Il n'est pas du genre à bluffer, et je sais qu'il se donne les moyens pour y arriver. Dans notre famille, nous nous sommes toujours entraînés pour devenir les meilleurs. C'est un état d'esprit chez nous, donc, étant imprégné depuis tout petit par cette force, il est logique qu'il tienne ce genre de propos. Je ne sais pas s'il deviendra le meilleur combattant du monde, mais il sera l'un des meilleurs, c'est certain. Et s'il devient le numéro 1, je serai le plus heureux des hommes.

DK : Rappelons que les moments clés de l'apparition du MMA en France démarrent en 1993, avec les premières compétitions amateures, comme le *DKM* et les *Golden Trophy*. En 1995, Bertrand Amoussou devient le premier Français à combattre en MMA et la France se déplace en nombre un an plus tard à Rio, pour les premiers championnats du monde de Jiu-Jitsu brésilien. En 1997, les pouvoirs publics haussent le ton et mettent le MMA hors-la-loi sur le territoire français. Deux ans plus tard, on assiste à la première victoire tricolore en MMA, à l'IFC, signée Kristof Midoux. En 2002, Gilles Arsène sera le premier Français à participer au *Pride,* mais il faudra attendre 2004 pour voir avec Bertrand Amoussou une première victoire sur le ring le plus dur de tous les temps, le *Pride*. À la même époque naît la *French Top Team*, l'une des plus grosses équipes françaises. Canal+ achète les droits du *Pride*, dont la diffusion en prime time sur Sport+ connaît un premier succès mal récompensé, puisque le CSA en interdira la diffusion. En 2005, une première sélection française verra le jour et participera à une rencontre internationale de MMA lors du *Cage Warriors Strike Force*. Depuis, 3 autres combattants français ont foulé le ring du *Pride* : Grégory Bouchlagem, David Baron et Cyril Diabate, et une équipe tricolore s'est une nouvelle fois déplacée à Saint-Pétersbourg pour un France-Russie.

Merci pour ce long entretien, Bertrand. Merci pour ce que tu as fait et feras encore pour ce sport, et merci également pour le bien que tu fais aux gens qui t'entourent. Merci aux fans et pratiquants de MMA pour leur abnégation.

BA : Merci à toi David, merci aux lecteurs de *Sur le Ring* ainsi qu'aux fans pour leurs messages d'encouragements. Longue vie au MMA !

REMERCIEMENTS DE BERTRAND AMOUSSOU

Merci à mes frères et sœurs,
Arlette, Michelle, Christelle, Wolgang, Rudolf et Karl.
Merci à Sacha.
Merci à ma mère, Ingrid, qui m'a élevé comme son fils.
Merci à ma chérie, Sonia, pour son soutien
pendant la période la plus dure de ma vie.
Merci à Serge Marches dit « le Mexicain », Franck Sabbath,
Pascal Giraudeau et Valérie Foutel pour leur amitié.
Merci à mon pote Christophe Gagliano
avec lequel j'ai évolué tout au long de ma carrière de Judoka.
Merci à Jérôme Le Banner pour son amitié sans artifice.
Merci à Jérémie Janot pour sa simplicité et son humilité.
Merci à mes collègues de bureau,
Antoine Do, Farouck, Marc, Benoist et Darragh.
Merci à Fred Claquin à Monsieur Sotaro Shinoda
et *Dream Stage Entertainment* pour leur soutien.
Merci à mes amis hollandais, Apy Echteld et Bart Hagendoorn.
Merci à mes fidèles élèves où qu'ils se trouvent.
Merci à mon professeur de Judo Michel Brousse
pour son enseignement et sa gentillesse.
Merci à mes adversaires qui m'ont permis de grandir et
d'avancer et merci à toi, mon pote Wanderlei, pour ton soutien
à ce livre et pour la carrière que tu mènes.

REMERCIEMENTS DE DAVID KERSAN

À Laure Londaïtzbehere, pour nous avoir écoutés,
là-bas et le privilège de t'avoir vécu.
À Sylvie Morata, Ô ma Samouraï,
pour nos heures immortelles dans le loft blanc.
À Maurice G. Dantec, toi mon frère, le plus grand d'entre tous,
pour la lumière que tu apportes à ma vie.
À Max, pour mes inoubliables *trente ans* passé avec toi.
À toute l'équipe de *FightSport*, pour la passion
qu'ils transmettent à notre génération.
À la *Dream Stage Entertainment*, pour avoir créé le *Pride*.
À Mirko Cro Cop, Wanderlei Silva et Fedor Emelianenko
pour leur talent et leur générosité.
À la mer Méditerranée, pour le son envoûtant
des vagues au-dessus du clavier.
À Denis Fioraso, pour m'avoir enseigné la Boxe américaine.
À la firme Harley-Davidson, pour avoir fabriqué ma V-Rod,
première moto *Mixed Martial Arts*.
À Charles-Antoine et Jean-Baptiste pour leur fidèle amitié.
À Olivier Vanbelle et Ivan Moscicki,
pour leur immortel souvenir.
À tous les héros anonymes que j'ai et vais rencontrer.

TABLE DES MATIÈRES

Impression réalisée sur CAMERON par

BRODARD & TAUPIN

GROUPE CPI

La Flèche
en novembre 2006

Imprimé en France
N° d'impression : 38129